W0024942

Dietmar Lang

SCHNITZEN

Praktische Anleitung

für Schnitzer und Holzbildhauer

VEB Fachbuchverlag Leipzig

Lang, Dietmar:
Schnitzen: prakt. Anleitung für Schnitzer u.
Holzbildhauer / Dietmar Lang. – 2. Aufl. –
Leipzig: Fachbuchverl., 1987. – 128 S. : 168 Bild.

ISBN 3-343-00043-4

2. Auflage
Lizenznummer: 114-210/134/87
LSV 3939
Verlagslektor: Andrea Cramer
Gestaltung: Renate Schiwek
Printed in GDR
Lichtsatz: INTERDRUCK Graphischer Großbetrieb Leipzig – III/18/97
Druck und buchbinderische Weiterverarbeitung: Offizin Andersen Nexö, Leipzig III/18/38
Bestellnummer: 546 939 8
02200

Inhaltsverzeichnis

Aller Anfang ist schwer ...

... darum sollten noch einige Vorbemerkungen gestattet sein. In dem vorliegenden Buch sind die wichtigsten Kenntnisse für das erfolgreiche Holzgestalten aufgeführt. Was zum Beispiel zu beachten ist bei Holzauswahl, Zusammenstellung des Werkzeuges, Formgestaltung und Oberflächenbehandlung. Der größte Abschnitt ist der Technik des Schnitzens gewidmet. Bevor also zum Holz und Schnitzmesser gegriffen wird, sei die Lektüre dieses Buches empfohlen. Allerdings konnten einige Wissensgebiete nur gestreift werden; Vertiefung der entsprechenden Stoffgebiete geben die im Literaturverzeichnis aufgestellten Fachbücher, die in Buchhandel oder Bibliotheken erhältlich sind.

Allen, die zum Gelingen dieses Buches beigetragen haben, gilt unser herzlichster Dank. Im besonderen den Gutachtern, Herrn Klaus Giese, Holzbildhauermeister und Holzrestaurator, und Herrn Gottfried Rothe, Fachberater für Kunsterziehung, Annaberg, sowie Herrn Dr. Werner Fläschendräger, Oberassistent an der Sektion Geschichte der Karl-Marx-Universität Leipzig, der den historischen Abschnitt begutachtete, für ihre Hinweise, die zu einer weiteren inhaltlichen Verbesserung des Werkes führten. Herrn Siegfried Pausch, Direktor des Museums für bergmännische Volkskunst Schneeberg, Herrn Heinz Heger, Holzformgestalter, Bärenstein, Frau Heinz vom Röhnmuseum Dermbach, der PGH Erzgebirgisches Kunsthandwerk Annaberg und dem VEB Rhönkunst Empfertshausen danken wir für die freundliche Unterstützung, die den Fotografen bei der Anfertigung der zahlreichen Fotos gewährt wurde.

Verfasser und Verlag

1. Ein Blick in die Historie

Mit der Gestaltung des Holzes beschäftigen sich Menschen seit dem Beginn ihrer Geschichte.

Holz ist einer der Werkstoffe – ebenso wie Stein, Knochen und Horn –, aus denen erste, einfachste Werkzeuge gefertigt wurden. So zum Beispiel das Steinbeil, wo Holz und Stein miteinander verbunden wurden, um ein wirkungsvolles Handwerkszeug zu erhalten. Die Passendformung dieses Stieles aus Holz, zu der eine spanabhebende Bearbeitung erforderlich wurde, kann schon als *Schnitzen* bezeichnet werden. Obwohl nur auf den Nutzen ausgerichtet, liegen dort die Wurzeln für die Entwicklungsgeschichte der Schnitzkunst.

Durch die Verderblichkeit des Holzes – es ist brennbar, kann faulen und von Schädlingen befallen werden – blieben aus der Zeit der Urgesellschaft oder auch antiker Zeit nur wenige *Sachzeugen* gestalterischer Arbeiten aus Holz. Doch von dem, was erhalten blieb, kann einiges über Fertigungstechniken und Gestaltungsweisen abgeleitet werden, das allgemeingültigen Charakter trägt.

Bei figürlich geschnitzten Darstellungen handelt es sich meist um *kultische Gegenstände, Bildnisse* von Herrschern und anderen Persönlichkeiten, mitunter aber auch einfach um *Spielzeug.*

Von einem hohen Niveau in der künstlerischen Gestaltung zeugen Holzstatuen aus dem alten Ägypten, zum Beispiel die sehr realistische Darstellung des *Ka-aper*, ein Dorfschulze, der um 2450 v. u. Z. lebte (Bild 1).

Auch aus Mitteleuropa sind alte Holzarbeiten bekannt: Götzen, Idole der Fruchtbarkeit, einfache *Astschnitzarbeiten* – ähnlich denen, die heute noch von Kindern als Anfängerarbeiten in den Schnitzgruppen gefertigt werden –, *Säulenschnitzereien* aus Baumstämmen sowie Puppen mit beweglichen Armen und Beinen aus Holz. Auch monolithe Figuren blieben erhalten, so zwei Holzfiguren aus dem Ankamper Moor bei Eutin in Schleswig-Holstein. Diese sind aus gegabelten Aststücken der Eiche geschnitten und weisen eine beachtliche Höhe von 2,75 m bzw. 2,25 m auf. Bewundernswert ist die Arbeit der Holzgestalter, die trotz unvollkommenem Werkzeug mit Wendigkeit das Holz bearbeiteten. Doch nicht nur die Figur fiel in den Wirkungsbereich des Schnitzens. Der zweckgebundene hölzerne *Gebrauchsgegenstand* war überall dort zu finden, wo auch der Rohstoff Holz reichlich vorkam. Schalen, Teller, Löffel, Werkzeuge oder Teile davon, sogar einfache Sitzmöbel wurden geschnitzt, und neben dem Zweckempfinden setzte sich auch der Sinn für eine ästhetische Gestaltung der Form und die Verzierung der Gegenstände durch.

Besonders beeindruckend sind die keltischen *Ornamente* und Darstellungen an dem nach seinem Fundort benannten Osebergschiff und -wagen (Bild 2). Dieses außerordentlich formschöne Wikingerschiff aus der Zeit um 850 u. Z. zeigt an Bug und Heck die typischen verschlungenen Drachenornamente als Flachrelief. Ebenso wurden die Wände, das Fahrgestell und Teile der Deichsel des zum Fund gehörigen Wagens kunstvoll verziert.

In dieser Zeit bahnte sich eine Entwicklung an, die über die Gotik bis zur Renaissance in Mitteleuropa zu großartigen Leistungen in der Schnitzkunst führte, denen man auch heute noch die größte Bewunderung entgegenbringen kann. Hauptauftraggeber war die damals reiche und mächtige, wenn auch durch Krisenerscheinungen und die reformatorische Bewegung schon

Bild 1. Holzstatue des Ka-aper
Ägypten um 2450 v. u. Z.

Bild 2. Osebergschiff
9. Jahrhundert
a Achtersteven nach der Fundbergung 1904
b Achtersteven nach der Restaurierung
c Wagen aus dem Osebergfund
Vorderansicht mit Darstellung Gunnars im Schlangenhof
um 850
d Oseberg-Wagen
Detail der geschnitzten Stirnwand

geschwächte katholische Kirche. Prunk und Reichtum waren äußere Zeichen ihrer Würde. Es entstanden eine große Anzahl von Altären, Kanzeln, Chorgestühlen und anderes kirchliches Inventar. Die Kirchen wurden großräumiger, das Holz verdrängte bei der Innenraumausstattung allmählich Stein, Erz und Metalle. Die ausschließliche Verwendung von Holz empfand man zunächst jedoch als unedel, man bemühte sich um eine Aufwertung durch Farben und kostbare Vergoldung.

Entsprechend den Bedürfnissen an derartigen Kunstwerken gab es viele Bildschnitzermeister, die mit ihren Gehilfen und Lehrbuben eine Vielzahl von Werken schufen. Man ermöglichte alles, behandelte das Holz wie «Zuckerwerk», schnitzte jedes Detail, besonders Gesicht, Haar, Hände und Füße, fertigte fantastische Gewänder mit wogenden Faltenwürfen und umrahmte alles mit filigranem Maßwerk.

An einem einzigen Altar arbeiteten meist mehrere Gewerke, so die Schreiner, Bildschnitzer und Faßmaler. Ein Meister übernahm für diesen Altar den Gesamtauftrag, wählte Künstler,

a)

b)

c)

d)

Handwerker und das benötigte Material aus und fertigte die Entwürfe an. Den Skulpturen wurde eine immer größere Bedeutung beigemessen, sie nahmen oft auch recht monumentale Ausmaße an, so daß die Arbeit des Bildschnitzers bevorzugte Würdigung erhielt. Die Hauptfiguren schuf der Meister selbst, Gehilfen arbeiteten nach seinen Weisungen mit. Die Schnitzwerke wurden anschließend vom Faßmaler bemalt. Dazu erhielt das Holz einen Kreidegrund, der Unebenheiten ausglich. Man schliff diesen mit Schachtelhalm. Dann erfolgte die Bemalung mit in Leim angerührten Erd- und Mineralfarben sowie das Vergolden mit Blattgold. Gewänder und Maßwerk wurden überwiegend vergoldet, aber Haar, Gesicht, Hände und einzelne Stoffpartien sowie Landschaften und Bauten mit natürlichen Farben bemalt. Sind in der *Gotik* im norddeutschen Raum recht bedeutende Schnitzwerke geschaffen worden – vor allem aus Eichenholz –, so verlagerte sich die deutsche Schnitzkunst im 15. Jahrhundert weiter nach Süddeutschland. Die Blütezeit der Hanse war vorüber, die kaufkräftigen Patrizier vergaben zurückhaltender Aufträge. Im Süden hingegen blühten die schwäbischen und fränkischen

Städte durch ihre stärker werdenden Wirtschaftsbeziehungen zu Italien zusehends auf. Hier wirkten in der Spätgotik hervorragende Bildschnitzer, von denen *Veit Stoß* (1447/48 bis 1533) und *Tilman Riemenschneider* (1460 bis 1531) als die berühmtesten zu nennen sind. Der tiroler Bildschnitzer *Michael Pacher* (1435 bis 1498) gehört aber auch dazu.

Veit Stoß gab 1477 zunächst sein Bürgerrecht der Stadt Nürnberg auf, um nach Krakau (heute Krákow) zu gehen. Dort schuf er in 12jähriger Arbeit mit seinen Gehilfen sein berühmtestes Werk, den Altar der weltberühmt gewordenen Krákower Marienkirche. Kernstück dieses monumentalen Schnitzwerkes ist die Apostelgruppe um die sterbende Maria (Bild 3). Jede Figur ist individuell geprägt, doch verschmelzen die Figuren zu einem harmonischen Ensemble. Zu diesem gehören die umrahmenden Reliefarbeiten des beiderseits beschnitzten Schreins, mit den Dominanten Blau und Gold in Farbe gefaßt. 1496 nach Nürnberg zurückgekehrt, schuf der durch harte Schicksalsschläge und ihm zugefügte Ungerechtigkeiten verbitterte Meister noch weitere bedeutende Werke, so das fast 4 m hohe Medaillon für die Lorenzkirche. Diese «Verkündigung an Maria» wurde als der «Englische Gruß» bekannt. Noch mit über 70 Jahren schloß sich der Meister in seinem letzten großen Werk dem neuen Kunststil, der Renaissance, an. Waren seine Schnitzarbeiten bisher geprägt von der barocken Phase der Spätgotik mit bewegten Linien in den Gewändern, gekräuselter Lockenpracht und überschwenglichen Gebärden, so schuf er später Werke mit nüchternem, ruhigem, verinnerlichtem Ausdruck. Der für das Karmeliterkloster in Nürnberg bestellte und heute im Dom zu Bamberg stehende Altar wurde entsprechend dem Zeitgeschmack nicht mehr farbig gefaßt.

Bild 3. Veit Stoß d. Ä.
Mittelschrein des Marienaltars
Der Apostel Johannes mit der sterbenden Maria (Ausschnitt)
Krákower Marienkirche

Bild 4. Tilman Riemenschneider
Selbstbildnis am Creglinger Marienaltar

Der Würzburger Meister *Tilman Riemenschneider* verzichtete viel eher auf die traditionelle Farbgebung und ließ nur die starke Plastizität des hellen Holzes, oftmals Linde, wirken. Seine feingliedrigen, gefühlvollen, meisterhaft geschnitzten Plastiken sind nicht mehr nur biblische Figuren, sondern Menschen jener Zeit (Bild 4). Der Meister selbst blieb nicht von Schmerz und Mühsal verschont. Sein offenes Bekenntnis und Einsatz für die Sache der aufständischen Bauern mußte er im Alter von über 60 Jahren mit Haft und gar Folterung büßen, aus der er mit gebrochenen Händen zurückkehrte. Härter hätte ein Künstler wie er nicht gestraft werden können. Vorher hatte er aber – neben in Stein gehauenen Bildwerken – eine beachtliche Anzahl großartiger Schnitzwerke geschaffen, von denen einige Altäre große Berühmtheit erlangten, wie der für die Pfarrkirche in Münnerstadt sowie im Taubertal für die Jakobskirche in Rothenburg, der Heiligblutaltar, für die Dorfkirche in Dettwang und für die Wallfahrtskapelle in Creglingen.

Erwähnenswert ist in der Reihe der berühmten Meister der Norddeutsche *Hans Brüggemann*, der 1480 in Walsrode geboren wurde und 1540 starb. Er lebte in Husum, als er den bekannten Bordesholmer Passionsaltar schuf. Bei einer Gesamthöhe von 12 m enthält der aus Eichenholz geschnitzte Altar in 20 Bildflächen Szenen der biblischen Geschichte mit fast 400 Figuren, 20...86 cm groß, vollplastisch aus Blöcken geschnitzt und ungefaßt. Damit erzielte er eine besondere Wirkung der Eichenholzmaserung. Als Vorlagen verwendete Brüggemann Kunstwerke seiner Zeit, unter anderem auch Albrecht Dürers «Kleine Passion», ein volkstümlicher Holzschnitt aus dem Jahre 1511.

Stil und Beispiel dieser Meister wurden von zahlreichen Bildschnitzern in ganz Mitteleuropa verbreitet. Besondere Erwähnung verdient in diesem Zusammenhang der Lübecker Bildschnitzer *Claus Berg* (1475 bis 1535), dessen Apostel im Güstrower Dom den Werken von Veit Stoß sehr nahekommen. Ähnliche Bedeutung ist den Arbeiten des Meisters *Peter Breuer* (1472/73 bis 1541) beizumessen, der in Zwickau gewirkt hat. Sein im Jahr 1492 im Würzburger Ratsbuch erwähnter Name und stilkritische Vergleiche seiner Arbeiten mit denen Riemenschneiders lassen vermuten, daß er der Schule des Meisters während seiner Wanderjahre nahestand. Breuers berühmtestes Werk, die «Beweinung Christi», kann man noch heute in der Zwickauer Marienkirche bewundern.

Mit dem Einzug der *Renaissance* in Deutschland und bedingt durch die Reformation und das Erstarken des Bürgertums, das ein ausgeprägteres Selbstbewußtsein erlangte, ging auch die hohe Blütezeit der sakralen Kunst zu Ende. Wie alle Werke der bildenden Kunst in dieser frühbürgerlichen Epoche löste sich auch die Schnitzerei inhaltlich und räumlich von der Kirche. Weltliche Fürsten und wohlhabende Bürger wurden zu Hauptauftraggebern. Man benötigte die Schnitzereien zur Repräsentation in Palästen und Bürgerhäusern. Dabei trat die Holzplastik hinter Stein- und Metallfiguren zurück, während die dekorative Gestaltung von Möbeln und innenarchitektonischen Elementen wichtigster Anwendungsbereich der Schnitzkunst wurde. Es entstand eine unübersehbare Fülle an Formen; geschwungen, verschnörkelt und grotesk.

Im Streben nach Prunk und Repräsentation erfolgte oft eine nicht materialgerechte Verarbeitung und die übermäßige Vergoldung des Holzes. Eine Änderung dieser Zeiterscheinung des Barock bis Rokoko brachte erst der Klassizismus mit sich.

In der ersten Hälfte des 20. Jahrhunderts wurde ein Künstler durch die Gestaltung figürlicher Holzplastiken bekannt. *Ernst Barlach* (1870 bis 1938), der seit 1910 in Güstrow lebte, schuf dort neben literarischen und grafischen Werken eine erhebliche Anzahl hervorragender Plastiken, davon etwa 80 fast lebensgroße Figuren aus Holz. Er verwendete überwiegend Eiche und Nußbaum, gelegentlich auch Linden- und Teakholz (Bild 5). Barlach, der seine Ausbildung in Hamburg, Dresden, Paris und Florenz erhielt, zog sich in das provinzielle Güstrow in Mecklenburg zurück, ein für die damaligen Verhältnisse ungewöhnlicher Schritt. Doch kam diese Umgebung seinen Bedürfnissen nach Ruhe und Naturverbundenheit entgegen. Der

Bild 5. Ernst Barlach
Die gefesselte Hexe
Gertrudenkapelle Güstrow

Kontakt zu den einfachen Menschen, sein Wissen und Miterleben ihrer Probleme, Sorgen und Nöte, aber auch ihrer Freuden, spiegelten sich in der Thematik seiner Werke wider.

Auch Barlach war beeindruckt von dem Können der großen Meister der Gotik. Er studierte ihre Arbeiten, stand oft im Güstrower Dom vor den Arbeiten Claus Bergs. Bücher über die gotische Plastik «gehören mit zum Arbeitszeug», wie er einmal selbst bekannte.

Dabei beruht Barlachs Kunst auf Vereinfachung. Seine Arbeiten sind handwerklich gediegen, von einer genialen Klarheit der Linienführung und Flächenkomposition sowie von einer zweckbezogenen vollkommenen Geschlossenheit. Leider sind uns nicht alle seine Werke erhalten geblieben. Die Faschisten, die eine «heroische» Kunst forderten, die für ihre menschenfeindlichen Ziele gebraucht bzw. mißbraucht wurde, diskriminierten den geradlinigen Künstler Barlach, der mit ihrer Ideologie nichts gemein hatte. Seine Werke wurden aus Ausstellungen entfernt. Man beseitigte sie als «Entartete Kunst» aus Kirchen und von öffentlichen Plätzen und vernichtete sogar einen Teil davon. Barlach selbst überlebte den Hitlerfaschismus nicht, doch seine Werke brachten ihm den Ruf eines genialen, heute weltbekannten Bildhauers.

a)

b)

Bild 6. Hans Brockhage
a Robbenwand (1980)
Lärche
b Detail

Unerschöpflich sind die Möglichkeiten der künstlerischen Gestaltung des Werkstoffes Holz und ebenso vielfältig das Suchen der Künstler nach neuen Ausdrucksformen und Sujets – auch und besonders in der Gegenwart. Heute werden oft mehrere Techniken der Holzgestaltung kombiniert angewendet. Mit der Schnitztechnik kann das Drechseln, Fräsen sowie Spalten verbunden sein und zu interessanten Ergebnissen führen. Dadurch werden allerdings hohe Forderungen an den Holzbildhauer gestellt, auch andere Techniken der Holzbearbeitung – außer dem Schnitzen – zu beherrschen.

Im Bereich der angewandten Kunst war es vor allem Prof. *Theodor A. Winde*, der in seiner Lehrtätigkeit auf neue Wege in der Holzgestaltung führte. Winde lehrte Ende der 40er Jahre an der damaligen Hochschule für Werkkunst in Dresden. Zu seinen Schülern gehörten hervorragende Holzgestalter wie Prof. *Hans Brockhage*, Schwarzenberg, und *Lüder Baier*, Dresden, die sich große Verdienste bei der Entwicklung und Bereicherung zeitgenössischer Kunst in der DDR speziell mit dem Material Holz erworben haben.

Bild 7. Lüder Baier
Studie
Eiche geräuchert

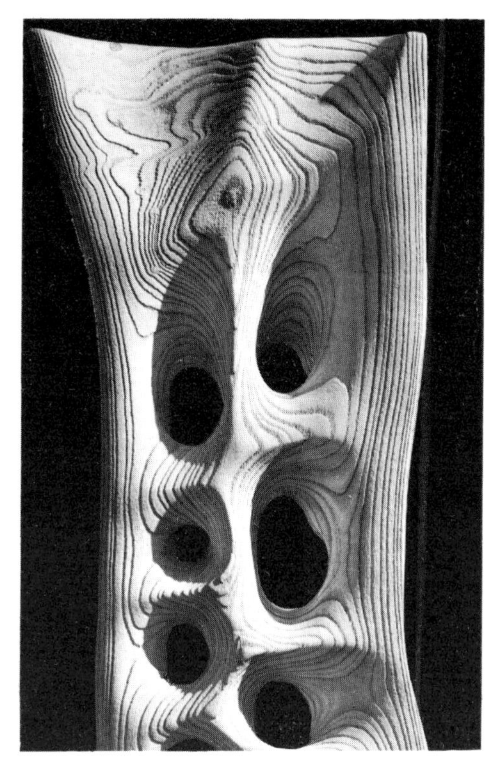

Bild 8. Lüder Baier
Stele
Sofora geschnitten, gesandelt

Bild 9. Heinz Heger
Gefräste Strukturwand (Ausschnitt)
Fichte

Hans Brockhage bemüht sich darum, das Urmaterial Holz in seiner biologischen Struktur in Verbindung mit moderner Architektur zu gestalten (Bilder 6a, b).

Auch Lüder Baier sieht im Holz das Ästhetische, wie Schönheit der Maserung und der Farbe des Holzes, die er mit Bildhauereisen und Schlägel hervorhebt. Je nach Art des Materials gestaltet er die Oberfläche – exakt glatt geschliffen (Bild 7) oder mit Sandstrahl betont strukturiert (Bild 8). Beeindruckend ist immer wieder die handwerkliche Perfektion, die seine Arbeiten auszeichnen. Der Holzgestalter *Heinz Heger*, Bärenstein, bevorzugt neben dem Bildhauereisen Oberfräse und Sandstrahlgebläse (Bild 9). Die Beispiele zeigen, wie die Verwendung von moderner Technik das Betätigungsfeld der Holzgestalter erweitert.

Parallel zur professionellen Schnitzkunst, doch keinesfalls davon isoliert, weist die *Volkskunst* ebenfalls eine interessante Geschichte und heute ein großes Betätigungsfeld für jung und alt auf. Worin sind die Unterschiede zwischen Holzbildhauer und Schnitzer zu sehen? Liegt die Beherrschung manueller Fertigkeiten beim professionellen Handwerk, so das schöpferische und unbekümmerte freie Gestalten beim Schnitzer. Die Volkskunst bietet für Themen und Formen eine nie versiegende Quelle. Besonders deutlich wird dies bei Werken, die ihren durch regionale Eigenheiten geprägten Charakter unverfälscht erhalten haben. Die einzelnen Kunstepochen und Modeströmungen widerspiegeln sich immer wieder auch in Werken der Volkskünstler. Ein typisches Beispiel dafür ist die traditionelle *erzgebirgische Pyramide.* Ihr Ursprung geht zurück auf den Klausenbaum, ein durch Äpfel verbundenes Stabgestänge, das, mit Reisig und Kerzen geschmückt, als Tischschmuck diente. Im Laufe der Zeit wurde in

Anlehnung an das bergmännische Göpelwerk aus dem Klausenbaum ein Drehturm, ergänzt mit Bergmännern, biblischen und Waldfiguren. Über Jahrhunderte hinweg entstanden zahlreiche Varianten, so gotische und barocke Türme, klassizistische Säulenhallen und orientalische Moscheen oder, wie in Bild 10 ersichtlich, in Form eines Förderturms. In der ersten Hälfte des 20. Jahrhunderts kam es oft zu Stilvermischungen. Erst in der Gegenwart wird wieder zu den traditionellen Formen zurückgegangen.

Wie die professionelle Holzbildhauerei verfügt auch die Volkskunst über ein weites Betätigungsfeld. Viele Kombinationen sind möglich und beliebt, so die Verbindung von Schnitz- und Bastelarbeiten. Interessant sind dabei wiederum die figürlichen Schnitzereien, als Vollplastik und im Relief; Szenen aus dem Leben des Volkes, Darstellung von Ereignissen, menschliche Handlungsweisen, Figuren aus Märchen, Sage und Fantasie sowie aus dem religiösen Bereich. Einzelne Orte oder bestimmte Territorien sind bekannt geworden durch ein Genre, in dem die Bewohner Unverkennbares leisten. Ein Beispiel ist die oberbayrische Gemeinde Oberammergau, deren Stubenzeichen in Bild 11 zu sehen ist.

Bild 10. Rudolf Erler Weihnachtspyramide in Form eines Förderturms (1942)

Bild 11. Schnitzer bei der Arbeit
Stubenzeichen der Oberammergauer Schnitzer
um 1820
geschnitzt und bemalt

Aus der Volkskunst hervorgegangen, fertigten die Holzgestalter Kruzifixe, Heiligenbilder, Krippen-, aber auch Trachtenfiguren in filigraner Arbeit.

Ähnlich berühmt sind die Schwarzwälder Kuckucksuhren. Die große Nachfrage ließ einen Industriezweig entstehen, dessen Produkte das Individuelle fast verloren.

Neben einigen Orten in Thüringen liegen die Zentren der volkstümlichen Schnitzerei in der Rhön und im Erzgebirge. Die *Rhönschnitzerei* geht in ihren Anfängen auf die Herstellung von Gebrauchsgeräten aus Holz und deren Verzierung sowie kleiner geschnitzter Figuren, vorwiegend Tiermotive, zurück. Besonders genannt seien die Gebäck- und Blaudruckmodel. Sie wurden von den Rhönschnitzern Ende 18., Anfang 19. Jahrhundert mit viel Einfühlungsvermögen und Fantasie angefertigt. In dem damals wirtschaftlichen Notstandsgebiet Rhön, in dem es fast keine Industrie gab, entstand zu Beginn des 19. Jahrhunderts eine sogenannte Hausindustrie, in der neben den bereits erwähnten Arbeiten die Pfeifenschnitzerei besonders Verbreitung fand.

Eine 1878 in Empfertshausen gegründete Schnitzschule trug dazu bei, die Schnitzer in ihrer Ausbildung und ihren ökonomischen Möglichkeiten zu unterstützen. Es wurde Unterricht im Zeichnen, Modellieren und Schnitzen gegeben, was natürlich zur Verbesserung der künstlerischen Qualität beitrug. Nach 1945 setzte sich der Holzbildhauer *Otto Schmidt* für eine Hebung der Qualität der Rhönkunst ein. Es erfolgte 1952 die Neugründung der Staatlichen Schnitzschule Empfertshausen als Fachgrundschule für angewandte Kunst zur Ausbildung von Holzbildhauern, die heute nicht mehr existiert.

Im *Erzgebirge* wurden ebenfalls Tiere geschnitzt, vorrangig die einheimischen Tiere des Waldes, aber auch Haustiere, wie Rinder, Schafe und Esel, als Pyramiden- oder Krippenfiguren. Sie wurden zu szenischen Darstellungen zusammengefügt. Weltbekannt wurde das Erzgebirge allerdings durch die «Männelmacherei».

Das Schnitzen wurde zur Familienbeschäftigung an langen Winterabenden und das Erzgebirge zum «Weihnachtsland». Der schwer arbeitende, in seinem Schacht stets von Dunkelheit

Bild 12. Bergmann mit Fackel
17. Jahrhundert
Erzgebirgsmuseum Annaberg-Buchholz
geschnitzt und bemalt

Bild 13. Johann Horler
Musikanten im Wind

Bild 14. Emil Teubner
Alte Erzgebirglerin
Linde

und Gefahr umgebene Bergmann sehnte sich nach dem Licht (Bild 12). In seiner tiefen Gläubigkeit verband er diese Sehnsucht mit der Christgeburt und schnitzte in Anlehnung daran neben Pyramiden Weihnachtsberge, auf denen die Geburt Christi oft im bergmännischen Milieu, z. B. im Huthaus – Schachteinfahrt, auf dem Berg stehend, ihn behütend –, zu sehen war. Schacht, Stollen und Gänge dieses Huthauses wurden im Schnitt gezeigt. Darin bewegten sich die durch eine ausgeklügelte Mechanik in Gang gesetzten Bergleute, bemalte Holzfiguren. Ende des 19. und zu Beginn des 20. Jahrhunderts entstanden erste Schnitzvereine, die aus dem familiären Rahmen in die Gruppenarbeit führten. Man traf sich wöchentlich, um gemeinsam zu arbeiten und Erfahrungen und Ideen auszutauschen. Im Winterhalbjahr wurden Ausstellungen organisiert, und ein «Lokalpatriotismus» gebot hierbei, Schnitzgruppen anderer Orte durch Neuheiten und größere, kompliziertere Arbeiten zu überraschen und möglichst zu übertreffen. Einige künstlerisch sehr wertvolle Werke blieben erhalten. Dazu gehören Schnitzereien der Familie *Bach* aus Elterlein, des *Johann Horler* aus Dürnberg (Bild 13), des *Paul Richter*, Frohnau, und anderer. Aus dem Kreise der führenden erzgebirgischen Schnitzer gelang es im Laufe der Zeit den Begabtesten, die Meisterwürde zu erlangen und das Schnitzen in beruflicher Tätigkeit auszuüben. Zu ihnen gehört *Ernst Kaltofen* (1841 bis 1922). Der Bergmannssohn aus Langenau bei Freiberg verließ mit 30 Jahren den Schacht und ging nach Dresden. Dort arbeitete er ab 1899 als selbständiger Holzbildhauer. Kaltofen schuf vorwiegend Darstellungen aus dem Bergmannsleben, und seine Figuren trugen meist porträtähnliche Gesichtszüge.

Bild 15. Emil Teubner
Vom Schweinehandel
zurück
Linde

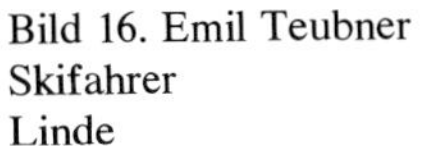

Bild 16. Emil Teubner
Skifahrer
Linde

Bild 17. Erich Legler
Bauer mit Gans

Ein bedeutendes Lebenswerk hinterließ der 1877 in Steinbach bei Johanngeorgenstadt geborene Künstler *Emil Teubner*. Er genoß keinerlei schulische Ausbildung oder Anleitung im Schnitzen, sondern bildete sich autodidaktisch. Er schuf Weihnachtsberge, heimische Szenen, Tierdarstellungen, Porträts und befaßte sich immer wieder mit Barlach und Rodin, in denen er zwar Vorbilder sah, die jedoch seinen unverwechselbaren Stil nicht verändern konnten. Emil Teubner lebte bis 1958 (Bilder 14, 15, 16).

Erwähnenswert ist ebenfalls *Paul Schneider* (1892 bis 1975), der erst als Bäcker tätig war und später an der Annaberger Gewerbeschule das Fach «Schnitzen» unterrichtete. Schneiders vielseitiges Gesamtschaffen mit den technisch ausgereiften, sehr detailgetreuen Schnitzarbeiten wurde weit über seine Heimat hinaus bekannt. Viele der heute noch tätigen Schnitzer erhielten von ihm das erste Rüstzeug.

Durch Fehlorientierungen oder mangelhafte künstlerische Ausbildung entstanden auch in der Vergangenheit Schnitzereien, die heute mit «Kitsch» bezeichnet werden. Große Verdienste zur Hebung des Niveaus in der Schnitzkunst erlangte Prof. *Reinhold Langner*, der als «Vater der Schnitzer» in aufopferungsvoller Tätigkeit die methodischen Voraussetzungen zur Hebung der Kultur schuf. Die Verbindung von Kunst und Alltag spielte dabei eine besondere

Rolle. Originell gestaltete Wegweiser und Hinweisschilder, große Freilandpyramiden, Schwibbögen, Spielplastiken und vieles andere weisen auf begabte und aktive Schnitzer der Umgebung hin.

Die Holzschnitzerei erfreut sich wachsender Beliebtheit und immer größeren Interesses bei Betrachtern und Gestaltern.

2. Werkzeuge

2.1. Arten von Werkzeugen

Die wichtigsten Werkzeuge zum Schnitzen sind *Schnitzmesser* und *Bildhauereisen*, die in der Fachsprache auch mit Schnitzeisen, Stechbeitel oder einfach als Eisen bezeichnet werden. Mit ihnen wird grundsätzlich frei gearbeitet, das heißt, man führt mit einer Hand oder mit beiden Händen das Werkzeug und schneidet unter Berücksichtigung der Eigenarten des Holzes, wie z. B. der Maserungsrichtung, in jede Richtung. Hält man das Werkstück in einer Hand, so wird mit der werkzeugführenden Hand die zum Spanabheben notwendige Kraft abgegeben. Bei eingespanntem Werkstück hingegen führt eine Hand das Eisen, während die andere durch Druck auf das Heft des Eisens oder über den Schlag mit dem *Bildhauerknüppel* auf den Heftkopf die nötige Kraft ausübt (Bild 18). In jedem Falle wird aber beim Schnitzen der gesamte Schneidvorgang durch die Körperkraft bestimmt. Allein diese Tatsache zeigt, daß das Schnitzwerkzeug äußerst scharf sein muß. Hinzu kommt, daß beim Sauberschneiden nur mit einwandfrei geschärftem Werkzeug eine tadellose Oberfläche erreicht wird. Rauhe Schnittflächen, auf denen Werkzeugscharten zu erkennen sind, wirken unschön und zeugen von mangelhaften handwerklichen Fertigkeiten des Gestalters.

Bild 18. Anlegen mit Bildhauereisen und Bildhauerknüppel

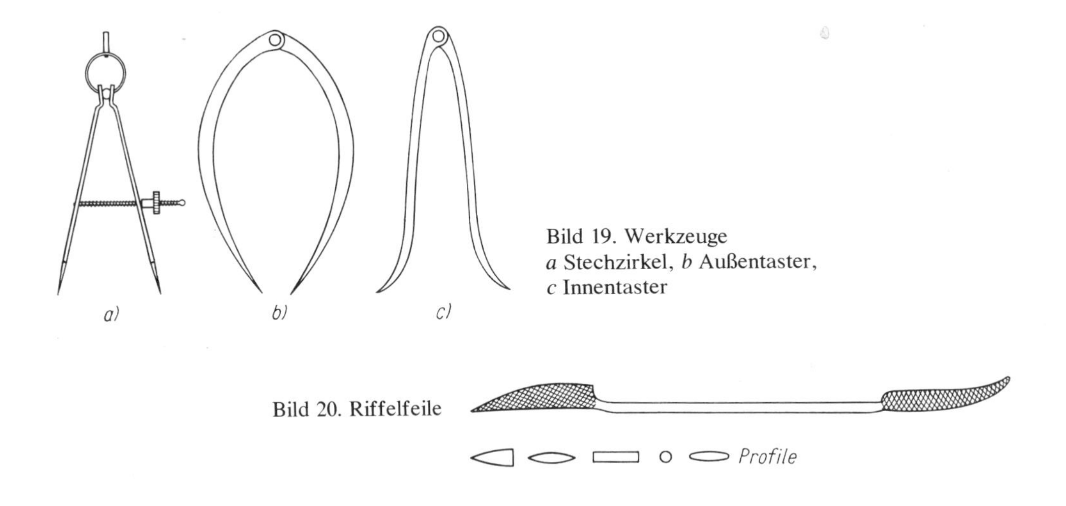

Bild 19. Werkzeuge
a Stechzirkel, *b* Außentaster, *c* Innentaster

Bild 20. Riffelfeile

Zur Erleichterung der Arbeit und zur Erhöhung der Effektivität und Qualität benötigen alle Schnitzer und Holzbildhauer Hilfsmittel, die für die Bearbeitung größerer Stücke unerläßlich sind. Selbstverständlich ist, daß auf dem Arbeitstisch einige weiche *Bleistifte* liegen. Sie werden zum Anzeichnen von korrekturbedürftigen Stellen und Flächen benötigt. Filzstift und Kopierstift sind ungeeignet. Weitere wichtige Werkzeuge sind *Zirkel* und *Stechzirkel* sowie *Innen-* und *Außentaster* (Bild 19). *Riffelfeilen* (Bild 20) zur Endbearbeitung, *Schraubzwingen* zum Verleimen und Einspannen der Hölzer und eine *Ziehklinge* zum Glätten größerer Flächen werden benötigt. Auf die wichtigsten Werkzeuge soll nachfolgend in erforderlichem Umfang eingegangen werden.

2.1.1. Schnitzmesser

Das Schnitzmesser ist das bekannteste, einfachste, jedoch universellste Schnitzwerkzeug und gehört zu jeder Grundausrüstung eines Holzbildhauers und Schnitzers. Es wird in einer Hand gehalten und geführt (Bilder 21a, b). Man verwendet es hauptsächlich bei der Herstellung von kleineren Arbeiten bis zu einer Größe von 30 cm, die noch ohne Einspannvorrichtung in der Hand geschnitzt werden können. Es ist möglich, mit dem Schnitzmesser gerade, konvexe, konkave Flächen, Bogenformen und Einkerbungen zu schnitzen. In Bild 22 sind die einzelnen Teile des Schnitzmessers benannt. Die Klinge muß aus hochwertigem elastischem Schnitt- oder Werkzeugstahl bestehen. Das Heft ist aus Hartholz, neuerdings auch zunehmend aus Plast. Die Klinge sollte nicht unter 3 cm lang sein, höchstens jedoch 8 cm. Für die Bearbeitung von härteren Hölzern ist eine etwas dickere Klinge geeigneter. Kleine und sehr filigrane Arbeiten sollten mit einem Messer mit dünner, schmaler Klinge und lang auslaufender Spitze bearbeitet werden. Die im Handel angebotenen Schnitzmesser sind von guter Qualität und eignen sich besonders für die Bearbeitung von Linde, Pappel und anderen Weichhölzern. Unterschiedliche Formen von Schnitzmessern sind in Bild 23 dargestellt. Wer eine bestimmte Form bevorzugt, kann sie sich aus einem handelsüblichen Schnitzmesser am Schleifbock selbst zurechtschleifen.

Weit verbreitet ist bei Holzbildhauern und Schnitzern, aus alten Rasiermessern die benötigten Schnitzmesser eigenhändig zu fertigen. Auch Hobelmesserstahl oder Stahl von dicken Bandsägeblättern mit guter Qualität wird gelegentlich verwendet. Doch dazu ist nach um-

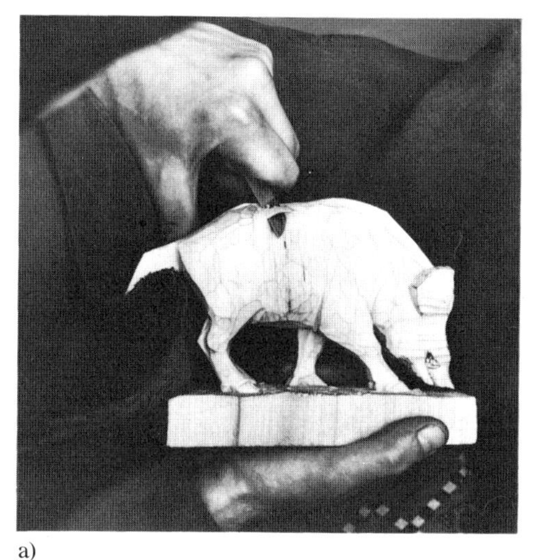
a)

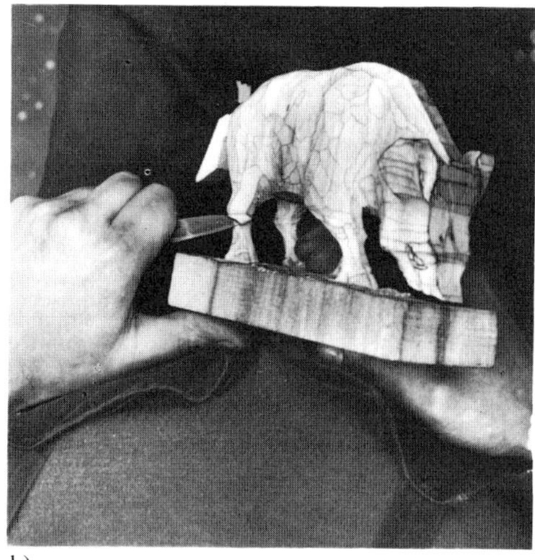
b)

Bild 21. Arbeit mit dem Schnitzmesser an *a* einer konvexen und *b* einer konkaven Fläche

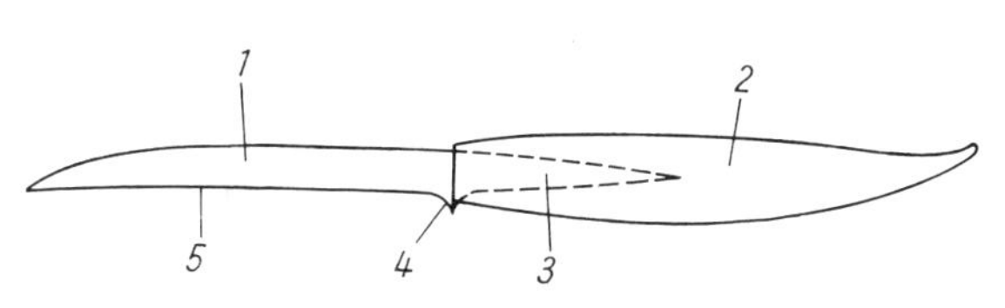

Bild 22. Teile des Schnitzmessers
1 Klinge, *2* Heft, *3* Angel oder Anker, *4* Krone, *5* Schneide

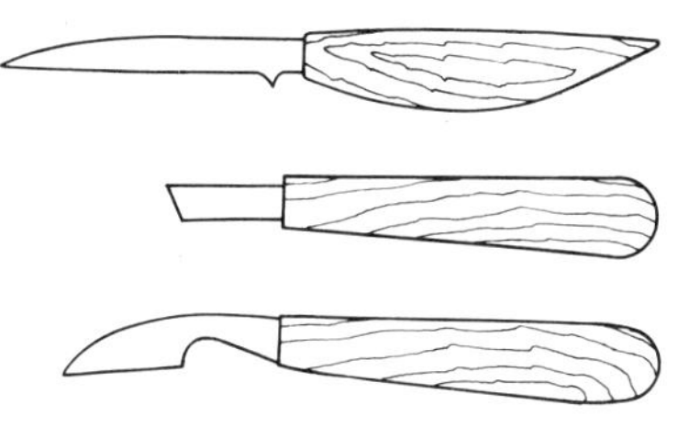

Bild 23. Formen von Schnitzmessern

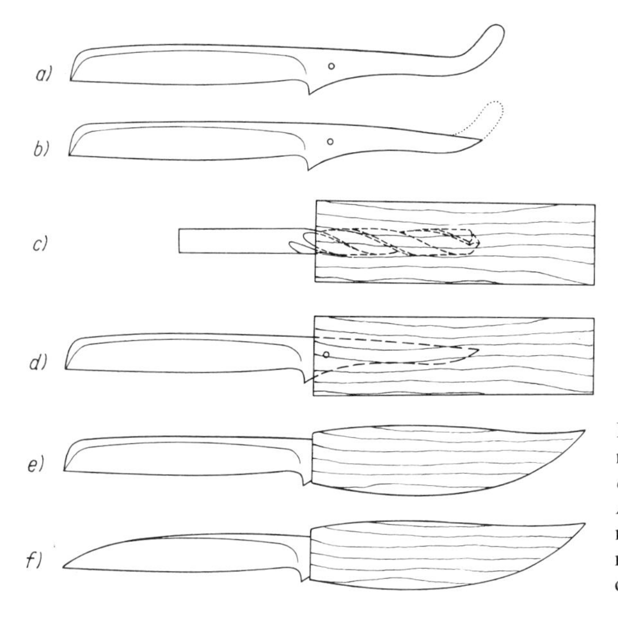

Bild 24. Rasiermesser als Schnitzmesser
a ohne Griff, *b* mit geschliffenem Anker, *c* Aufbohren des Heftrohlings, *d* Anschlagen des Heftrohlings an den Anker, *e* Formung des Heftes, *f* Schliff der Klinge

fangreicher Schleifarbeit ein Nachhärten erforderlich. Rasiermesser hingegen sind leicht zu bearbeiten, da sie aus geeignetem Stahl bestehen. Maße und Form der Klinge können so den individuellen Bedürfnissen angepaßt werden.

In Bild 24 ist der Werdegang zur Herstellung eines selbstgefertigten Schnitzmessers gezeigt. Dabei wird zunächst das Rasiermesser von der meist aus Plast bestehenden Hülle getrennt (a) und der Anker zum Einschlagen in das Heft passend zurechtgeschliffen (b). Der Heftrohling sollte aus einem nicht allzu leicht spaltbaren Hartholz bestehen. Eiche kann verwendet werden, jedoch eignen sich am besten Ahorn, Rüster (Ulme) und Esche. Der Dicke und Länge des Ankers entsprechend, wird der Rohling mit einer Bohrung versehen, die nicht zu klein sein sollte, um beim Anschlagen der Klinge das Spalten des Heftes zu vermeiden. Ist die Bohrung hingegen zu groß, hält die Klinge nicht fest im Heft. Hier gilt es, das richtige Maß zu finden (c). Anschließend wird die Klinge mit dem Anker nach oben vorsichtig in einen Schraubstock gespannt. Dabei sollte auf gleichmäßige Druckverteilung geachtet werden, damit die Klinge nicht bricht. Mit kurzen Schlägen wird der Heftrohling an den Anker geschlagen (d), die endgültige Form des Heftes zugeschnitten, geschnitzt und geschliffen (e). Dabei ist darauf zu achten, daß der Griff die richtige Größe hat, um gut in der Hand zu liegen. Bei Bedarf kann er mit einer Schicht farblosen Lackes gestrichen werden.

Die Klinge wird nun an der Schleifscheibe in die gewünschte Form gebracht. Es empfiehlt sich, die Klinge oft in Wasser abzukühlen und nicht zu stark auf die Scheibe aufzudrücken, um das Ausglühen des Stahls zu vermeiden. Hat die Klinge ihre endgültige Form bekommen, wird die Schneide geschliffen und abgezogen, und das Schnitzmesser ist gebrauchsfertig (f).

Bei Nichtgebrauch des Werkzeuges ist es günstig, durch Aufstecken eines Flaschenkorkens auf die Messerspitze diese und die Schneide vor dem Abstumpfen und sich selbst vor Verletzungen zu schützen.

2.1.2. *Bildhauereisen*

Bildhauereisen bilden das große Sortiment von Schnitzwerkzeugen und sind durch eine Vielfalt von Formen und Maßen universell für alle Schnitzvorgänge einsetzbar. In Bild 25 sind die Teile eines Bildhauereisens erläutert. Wenn man alle Unterschiede der Bildhauereisen berücksichtigt, die sich aus Form und Breitenmaß ergeben, so kommt man auf ein Sortiment von mehr als 900 Eisen. Natürlich wird es wohl kaum einen Holzbildhauer oder Schnitzer geben, der diese Anzahl zur Auswahl hat. Doch das ist auch nicht notwendig. Schon mit einem kleinen Satz der gebräuchlichsten Maße und Kehlungen kann viel erreicht werden. Wichtiger als die Sortimentsbreite ist die Fähigkeit, mit wenigen Eisen möglichst viele Arbeiten zu meistern. Ein großer Teil des Sortiments findet ausschließlich für spezielle Arbeiten Verwendung, insbesondere gekröpfte Eisen, Grateisen und hohlschenklige Geißfüße.

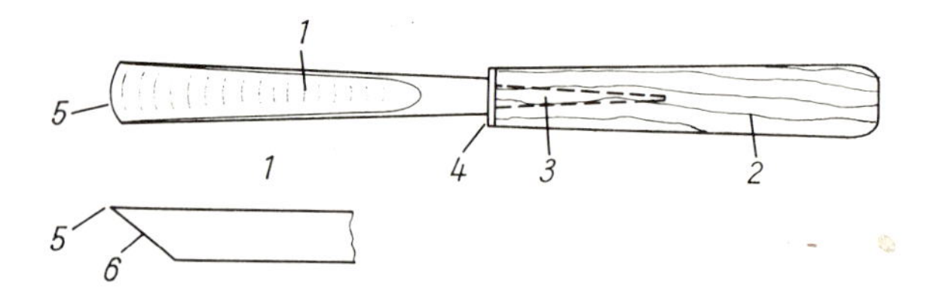

Bild 25. Teile des Bildhauereisens
1 Eisen mit Kehlung (auch Spiegel oder Stich genannt), *2* Heft, *3* Angel oder Anker, *4* Krone, *5* Schneide, *6* Fase

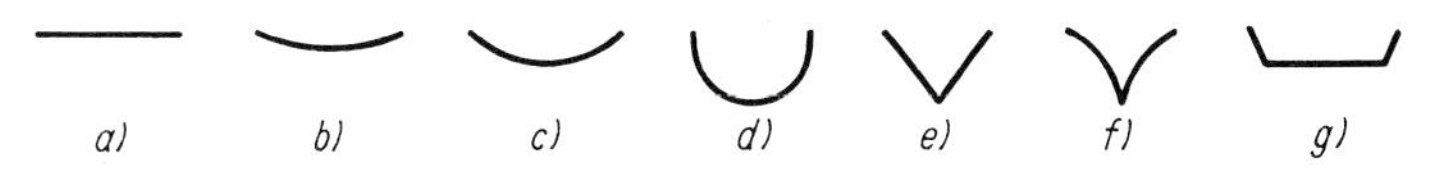

Bild 26. Stichbezeichnungen
a Balleisen, *b* Flacheisen, *c* Hohleisen, *d* Bohrer, *e* Geißfuß, *f* hohlschenkliger Geißfuß, *g* Grateisen oder Makkaronieisen

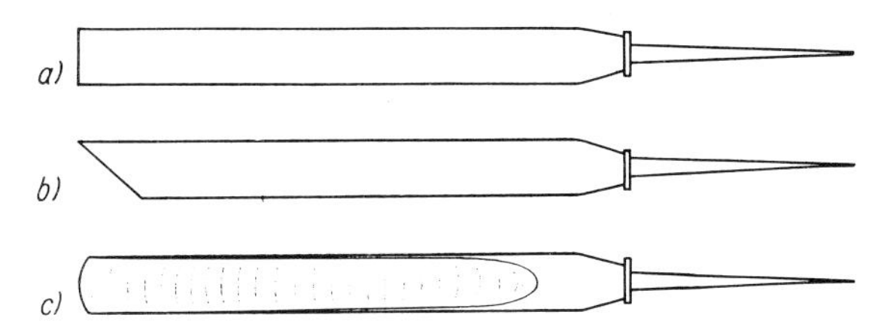

Bild 27. Gerade Eisen
a Balleisen, *b* Balleisen abgeschrägt, *c* Hohleisen

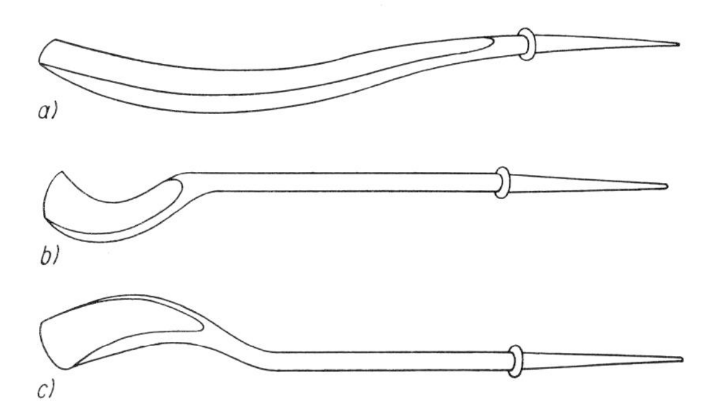

Bild 28. Gebogene Eisen
a gekrümmtes Eisen, *b* gekröpftes Eisen, *c* verkehrt gekröpftes Eisen

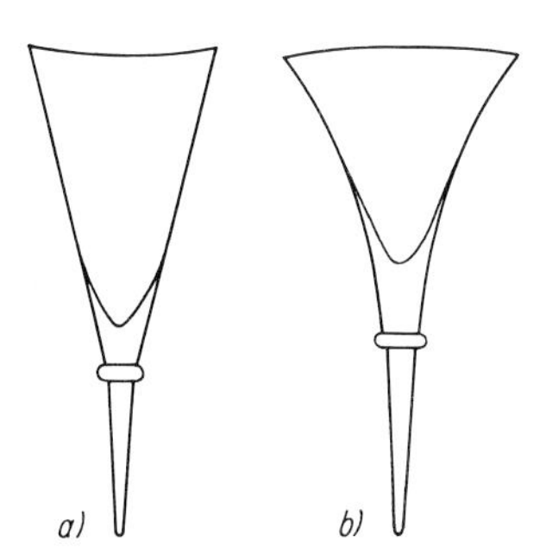

Bild 29. Formeisen
a Schweizer Formeisen,
b Tiroler Formeisen

Bei den Bildhauereisen unterscheidet man die *Grundform der Schneide* (Kehle), ausgehend von der Ansicht des Werkzeuges von vorn, sowie die *Form der Krümmung* des Arbeitsstahles. Die Schneidengrundform bezeichnet man als *Stich.* Dieser wird bei den meisten Werkzeugen durch eine Zahl gekennzeichnet, woraus für den Fachmann die Form exakt bestimmbar ist, auch wenn ihm das Werkzeug nicht vorliegt. Wichtig ist die Stichzahl besonders bei Werkzeugbestellungen. Dabei sind kleine Toleranzen im Verhältnis von Stichzahl zu Form bei unterschiedlichen Herstellern nicht auszuschließen.

Zunächst unterscheidet man die Eisen durch ihre Kehlung. Es gibt Balleisen, schräge Balleisen, Flach- und Hohleisen, Bohrer, Geißfüße, u. a. den hohlschenkligen Geißfuß, Grateisen, auch «Makkaronieisen» genannt. In Bild 26 sind diese Formen dargestellt. Alle diese Werkzeuge werden als gerade Eisen gehandelt (Bild 27). Darüber hinaus ist ein Großteil dieser Stiche noch als gebogene, gekröpfte und verkehrt gekröpfte Bildhauereisen erhältlich (Bild 28). In diesem Zusammenhang sind die Schweizer und Tiroler Formeisen zu nennen (Bild 29). Sie eignen sich besonders für großflächige Arbeiten und sind nur als gerade Eisen bis Stich 7 handelsüblich. Die Eisenbreite wird immer in Millimeter angegeben. Die gebräuchlichste Breite liegt zwischen 1...40 mm. Geißfüße sind maximal 25 mm, hohlschenklige Geißfüße bis etwa 18 mm und Grateisen bis 30 mm breit; große Schweizer und Tiroler Eisen hingegen zwischen 50...70 mm.

Damit wurden alle Kennziffern, die für die exakte Bezeichnung der Bildhauereisen notwendig sind, genannt. Jeder Holzbildhauer und Schnitzer sollte sich mit diesen Bezeichnungen vertraut machen. Sie sind in der Fachsprache geläufig und bei der Bestellung von Schnitzeisen erforderlich. Eine Werkzeugbestellung soll mit allen wichtigen Angaben am folgenden Beispiel demonstriert werden.

Benötigt werden:

1 Balleisen (Stich 1), 5 mm
1 Flacheisen (Stich $2^1/_2$), 30 mm
1 Flacheisen (Stich 3), 20 mm, gekröpft
1 Hohleisen (Stich 4...7), 16 mm, gebogen
1 Hohleisen (Stich 8...9), 10 mm, verkehrt gekröpft
1 Geißfuß (Stich 39...45), 18 mm
1 Grateisen (Stich 49), 18 mm
1 Schweizer Formeisen (Stich 4), 60 mm
1 Tiroler Formeisen (Stich 7), 50 mm

Wie sollte nun die Grundausstattung für einen Anfänger aussehen? Zu empfehlen sind auf jeden Fall 1 bis 2 Schnitzmesser, dazu

1 Balleisen, 10 mm
1 Balleisen, 8 mm
1 Hohleisen, 10 mm
1 Bohrer, 4 mm
1 Geißfuß, 8 mm

als kleiner Anfängersatz.

Zur weiteren Ergänzung sollte folgendes erworben werden:

1 Balleisen, 4 mm
1 Balleisen, 16 mm
1 Flacheisen, 8 mm
1 Flacheisen, 12 mm
1 Hohleisen, 6 mm
1 Hohleisen, 12 mm
1 Bohrer, 10 mm.

Erfahrungsgemäß kann mit diesen Werkzeugen eine ganze Reihe häufig anfallender Arbeiten bewältigt werden. Ein wichtiger Grundsatz für jeden Schnitzer lautet: Gutes Werkzeug lohnt immer.

2.1.3. Bildhauerbank

Alle größeren Arbeiten beim Schnitzen kann man nicht mehr nur in der Hand ausführen; doch auch kleinere Arbeiten sind oft schneller und sauberer ausführbar, wenn die Werkstücke eingespannt werden. Ebenso ist für die Fertigung der meisten Gebrauchsgegenstände und für Reliefs eine zuverlässige *Einspannvorrichtung*, wie sie an der Bildhauerbank vorhanden ist, erforderlich (Bild 30). Ihr Unterschied zur Hobelbank zeigt sich darin, daß sie nur mit einer

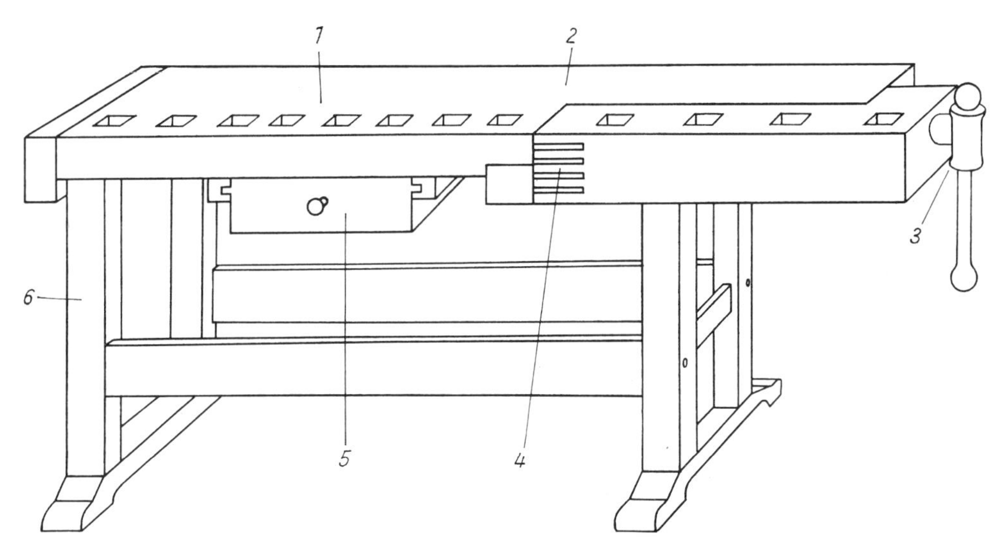

Bild 30. Bildhauerbank
1 Blatt (Platte), *2* Ablagefläche, *3* Spindel mit Spindelgriff, *4* Zange, *5* Bankkasten, *6* Gestell

Hinterzange versehen ist. Die Vorderzange entfällt. Dafür ist die Bildhauerbank höher als die Hobelbank, die damit eine optimale Arbeitshöhe gewährleistet und als Arbeitstisch verwendet werden kann. Auch die sogenannte Beilade an der hinteren Bankplatte fehlt. Damit vergrößert sich die Ablagefläche für die Schnitzwerkzeuge. Weitere Merkmale, wie z. B. Bankhaken und Bankhakenlöcher, Blatt, Schubkasten, Gestell mit Bankkasten und Zargen, stimmen mit der Hobelbankkonstruktion überein. Für das Blatt (Platte) wird gedämpftes Weißbuchenholz verwendet. Da wesentlich mehr Hobelbänke als Bildhauerbänke produziert werden, ergibt es sich, daß viele Holzbildhauer und die meisten Schnitzer an einer Hobelbank arbeiten. Es ist dabei keinesfalls notwendig, die oft recht nützliche Vorderzange zu entfernen. Da die Arbeitshöhe bei einer Hobelbank jedoch etwa nur 80...90 cm beträgt, die günstigste Höhe bei einer Bildhauerbank aber bei 100...110 cm liegt, ist es ratsam, eine überwiegend für das Schnitzen bestimmte Hobelbank durch das Unterlegen von massiven Klötzen auf die körpergerechte Höhe zu bringen. Um einen festen Stand zu gewährleisten, ist es zweckmäßig, wenn die Bank stabil im Fußboden verankert wird. Das ist hauptsächlich dann notwendig, wenn größere Werkstücke bearbeitet werden sollen, wozu große Eisen und Bildhauerknüppel verwendet werden. Durch Abdecken der Beilade, was oft schon mit einem passenden Brett zu erreichen ist, gewinnt man an notwendiger Eisenablagefläche.

2.1.4. Figurenschraube

Zum Schnitzen von Holzplastiken bis zu einer Größe von etwa 70...80 cm kann man die Figurenschraube als Einspannvorrichtung verwenden. Ihre Nutzung gestattet recht ideale Arbeitsbedingungen, da man mit ihrer Hilfe das Werkstück leicht in jede beliebige Lage axial drehen und auch im Winkel bis zu 180° abkippen kann, was in Sekundenschnelle möglich ist. Mit nur einer Handbewegung ist dann das Werkstück sofort wieder stabil befestigt.

Die *Figurenschraube* (Bild 31) besteht aus *Spindel* und *Griffmutter*. Zur Gesamtheit der Vorrichtung gehört noch der *Spannklotz* (Bild 31*b*). Die Spindel hat gewöhnlich eine Länge

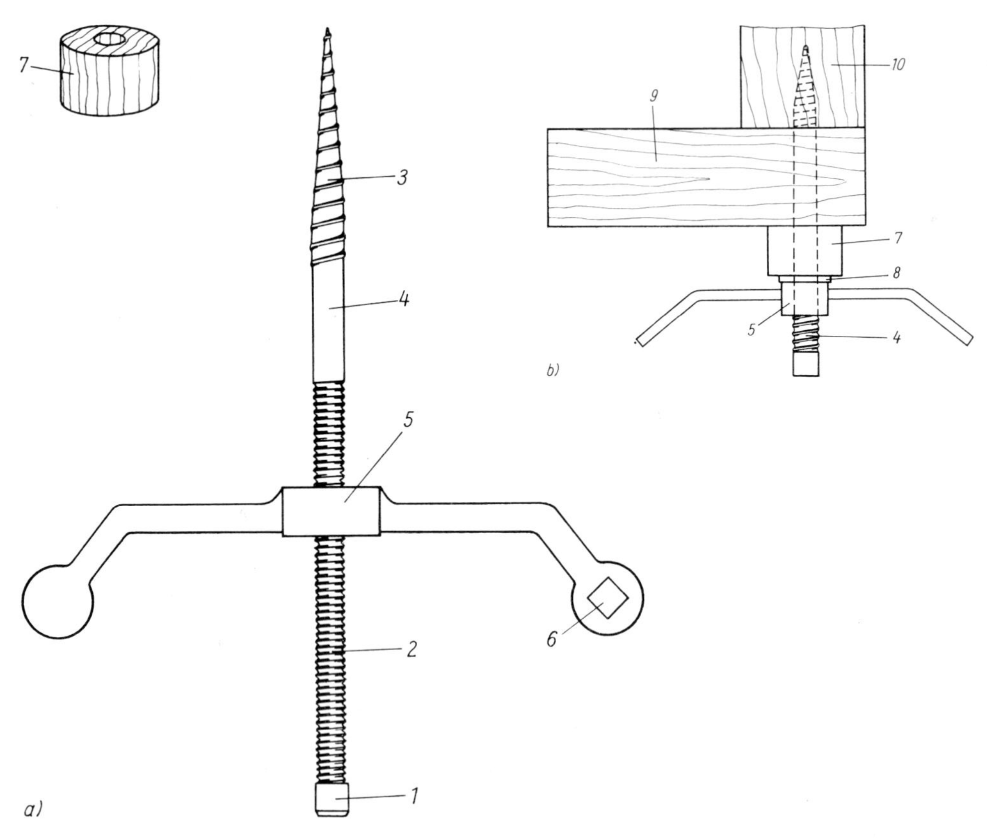

Bild 31. Figurenschraube *a*
1 Vierkant, *2* Gewinde, *3* Holzschraubengewinde, *4* Spindel, *5* Griffmutter, *6* Vierkantdurchbruch, *7* Toleranzstück aus Holz, *8* Unterlegscheibe, *9* Spannklotz, *10* Werkstück
b Spannklotz für Figurenschraube zum Einspannen in die Bildhauer- oder Hobelbank

von 350 mm und eine Dicke von 18...20 mm. Für kleine Figuren fertigt man auch entsprechend kleinere Schrauben. Der obere, spitz zulaufende Teil der Spindel ist mit einem Holzschraubengewinde versehen. Dieses wird in den Werkstücksockel eingeschraubt. Der untere Bereich der Spindel enthält ein Metallschraubengewinde, dessen untersten Abschluß dann ein Vierkant bildet. Die Griffmutter ist in der Mitte mit einer Bohrung und dem zur Spindel passenden Gewinde versehen. Außerdem befindet sich an einem Teil, am Flügel der Griffmutter, ein Vierkantdurchbruch. Mit dessen Hilfe kann man die Spindel in das Werkstück schrauben (Bild 32). Weiterhin benötigt man beim Einspannen der Figur den Spannklotz. Dieser kann schon aus einem einfachen Vierkantholz mit einer für die Spindel passenden Bohrung bestehen. Die Spindel mit dem bereits befestigten Werkstück wird durchgesteckt und von unten mit der Griffmutter nach Einlegen einer Unterlegscheibe festgezogen. Mit dem in die Bankzange eingespannten Klotz ist die Figurenschraube als Einspannvorrichtung funktionstüchtig (Bild 33). Will man die Vorrichtung auf einem Tisch oder auf einer Platte befestigen, sollte der Klotz winklig geschnitten und mit einer zweiten Bohrung versehen sein. Durch diese Bohrung wird er mit einem Bolzen an der Platte befestigt. Hierbei ist jedoch nur eine axiale Drehung der Figur möglich; der Winkel des eingespannten Werkstückes zur Ebene bleibt konstant. Davon kann man Abhilfe schaffen durch Herstellung eines flexiblen ineinandergefügten Spannklotzes mit zwei Schenkeln, der als Holzwinkel (Galgen) bezeichnet wird. Hierzu

Bild 32. Eindrehen der Figurenschraube in das Werkstück

Bild 33. Angelegte Figur mit der Figurenschraube auf einem Holzwinkel befestigt, der mittels Eisenbolzens auf der Schnitzbank angebracht wurde

schneidet man jeweils eine oder mehrere Zargen, die durch einen Bolzen mit Flügelmutter gehalten werden. Dadurch wird eine rasche Lockerung bzw. Verstellung des Winkels und erneute Befestigung der Schenkel ermöglicht (Bild 34).

Die beschriebene Einspannvorrichtung ist mit nicht allzu großem Aufwand anzufertigen. Wo die Möglichkeit besteht, Spindel und Griffmutter durch einen Werkzeugmacher anfertigen zu lassen oder gar selbst anzufertigen, wird auch ohne große Schwierigkeiten der Spannklotz herzustellen sein.

Etwas komplizierter, doch geradezu ideal ist die *Kugeleinspannplatte* (Bild 35). Mit ihrer

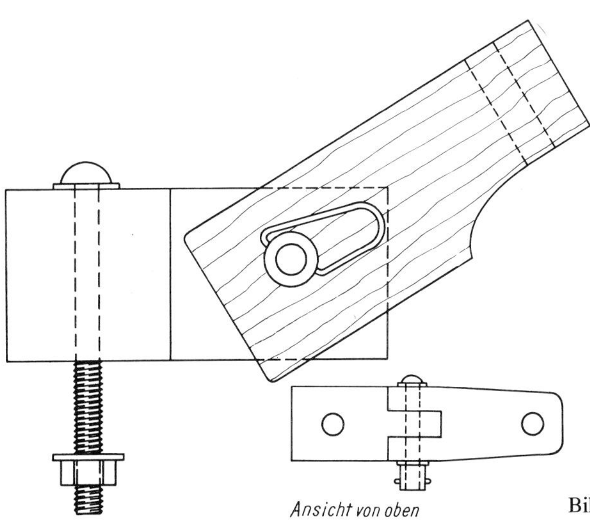

Bild 34. Verstellbarer Holzwinkel (Galgen)

Bild 35. Selbstgefertigte Kugeleinspannvorrichtung

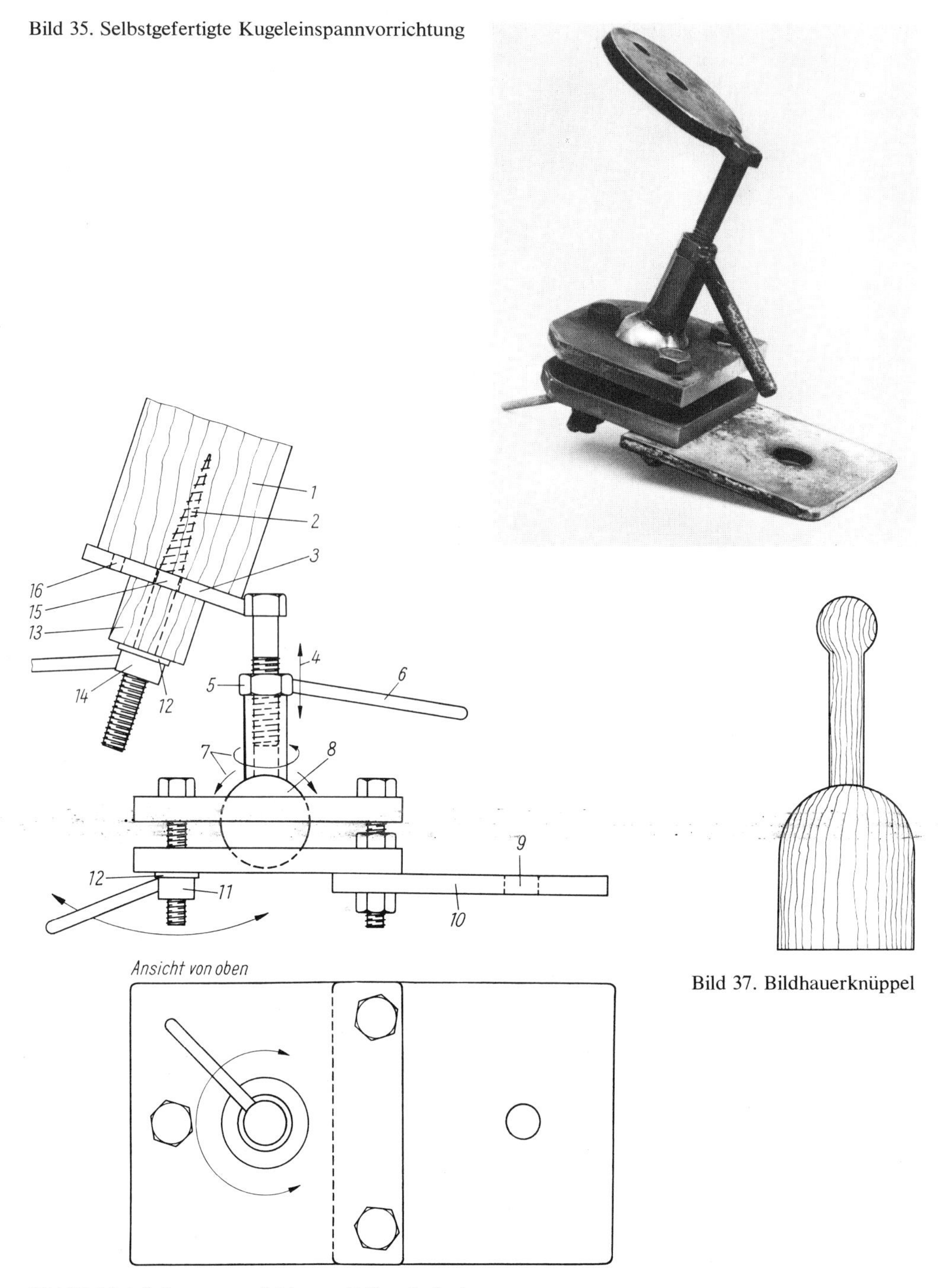

Bild 37. Bildhauerknüppel

Bild 36. Metalleinspannvorrichtung mit Kugelgelenk
1 Hohlsockel des Werkstücks, *2* Wiener Schraube, *3* Auflageplatte, *4* Höhe verstellbar, *5* Mutter, *6* Spannhebel, *7* Drehrichtung, *8* Stahlkugel, *9* Bohrung für Bolzen zum Festspannen auf der Bankplatte, *10* Einspannplatte, *11* Bolzen mit Mutter und Spannhebel zum Festziehen und Lockern der Spannplatten. Bei Entspannung kann die Kugel beliebig gedreht werden. *12* Unterlegscheibe, *13* Toleranzstück, *14* Flügelmutter, *15* große, *16* kleine Bohrung für Figurenschraube

Hilfe ist es möglich, eine Figur auch noch seitlich zu kippen. Es handelt sich dabei um eine Ganzmetallkonstruktion. Auf einer Grundplatte von etwa 5...10 mm Dicke werden mit zwei Bolzen und Muttern die beiden Spannplatten befestigt. Zwischen diesen wird eine Metallkugel angebracht. Dabei müssen die etwa 8...12 mm dicken Spannplatten durchbohrt sein und die Ränder konisch so zugefräst werden, daß die Kugel entsprechend ihrer Größe darin eingebettet liegt. Ein dritter Bolzen, gegenüber den beiden ersten angebracht, dient mit Hilfe der mit einem Spannhebel versehenen Kontermutter dem Festspannen der Kugel. In der unteren Platte sollte die Kugel etwa plan eingebettet sein, während die Bohrung in der oberen Platte so groß sein muß, daß noch etwa 1/4 der Kugel herausragt. Dort wird eine Hülse mit Innengewinde angeschweißt. In diese Hülse wird der mit einem Gewinde versehene Bolzen eingeschraubt, auf dem sich die runde Platte befindet. Auf diese Platte wird der Holzsockel des jeweiligen Werkstückes mit der eigentlichen Figurenschraube befestigt. Sie neigt sich im Winkel von etwa 110° zur Ebene der Grundplatte nach oben. Zum Feststellen dieser Platte ist an dem Bolzen über der Hülse eine Mutter mit Spannflügel aufgeschraubt. Eine solche Haltevorrichtung für die Figurenschraube ist nach jeder beliebigen Richtung im notwendigen Winkel schwenkbar. Die Herstellung ist gegenüber der Holzeinspannvorrichtung zeit- und kostenaufwendiger. Es wird empfohlen, sich an einen ausgebildeten Schlosser oder Werkzeugmacher zu wenden, der sicher bei der Anfertigung behilflich ist. Der Aufwand lohnt sich, denn diese Spannvorrichtung ist äußerst stabil (Bild 36).

2.1.5. Bildhauerknüppel

Zur Komplettierung des Schnitzwerkzeuges gehört der Bildhauerknüppel, der zur Anlage, dem Vorschnitzen, größerer Werkstücke immer benötigt wird. Die Schlagfläche ist zylindrisch und zum Stiel hin abgerundet. Bildhauerknüppel werden gedrechselt. Sie können aus einem Stück bestehen oder auch mit einem eingesetzten Stiel versehen sein. Als Material sind Bockholz (Eisenholz), doch auch einheimische Harthölzer, die schwer spaltbar sind, Esche, Rüster, Buchsbaum und Akazie geeignet. Knüppel aus Aluminium und Plast werden neuerdings angeboten, wobei der Stiel der besseren Griffigkeit wegen aus Holz bestehen sollte (Bild 37).

2.2. Pflege der Werkzeuge

2.2.1. Schärfen

Äußerst wichtig für eine erfolgreiche Tätigkeit des Holzbildhauers und Schnitzers ist das Schärfen der Werkzeuge. Von einem guten Zustand der Messer und Eisen ist die Qualität der Schnitzarbeit, das Arbeitstempo und die auf das Werkstück auszuübende Kraft abhängig. Hinzu kommt, daß die meisten Verletzungen beim Schnitzen erfahrungsgemäß auf stumpfes Werkzeug zurückzuführen sind.

Werkzeug wird ungeschliffen gehandelt und erfordert daher gleich anfangs den gesamten Schärfprozeß. Darüber hinaus unterliegt das Werkzeug bei Gebrauch einer Abnutzung, die in bestimmten Zeitabständen ein Neuschärfen erzwingt. Durch unsachgemäße Handhabung des Werkzeuges entstehen mitunter starke Beeinträchtigungen der Schneide. Schartenbildung, Rostnarben durch Feuchtigkeitseinwirkung und Balligwerden der Schneide sind die Ergebnisse.

Der kundige Fachmann schärft sein Werkzeug selbst. Daher sollte man mit der erforderlichen Technik vertraut werden und sich die entsprechenden Abziehsteine anschaffen. Selbstverständlich ist etwas Übung notwendig, bis man die Technik beherrscht, doch bei richtiger Handhabung von Eisen und Stein zeigt sich bald der Erfolg. Dann wird das Schärfen nach kurzer Zeit zur einfachsten Tätigkeit.

Beim Schärfen unterscheidet man zwei Hauptarbeitsgänge: Anschleifen und Abziehen.

2.2.1.1. Anschleifen

Angeschliffen wurde in früherer Zeit mit Hilfe einer rotierenden Sandsteinscheibe, die ständig mit Wasser anzufeuchten war. Diese Art des Schleifens ist heute kaum noch üblich.

Verwendet wird meist der elektrische Schleifbock mit der rotierenden *Schmirgelscheibe* (Bild 38). Zu empfehlen sind organisch gebundene Schmirgelscheiben mit 60...80er Körnung.

Bild 38. Anschleifen an der Schmirgelscheibe

Bevor das Schleifen beginnt, sollte darüber Klarheit bestehen, welches Holz überwiegend zum Schnitzen verwendet werden soll. Bei Weichhölzern ist ein langflächiger Schliff, eine lange Fase erforderlich, während der *Anschliffwinkel* bei Harthölzern größer sein sollte, kurze Fase. Ein Maß kann man dafür allerdings nicht schablonenhaft vorgeben. Hier sind Erfahrungswerte gefragt, die sich jeder mit der Zeit aneignen kann. Zur Arbeit am Schleifbock gehört ein Gefäß mit Wasser und natürlich die Schutzbrille, die vor Beginn des Schleifens *immer* aufzusetzen ist. Wird ein größeres Sortiment verschiedener Werkzeuge bearbeitet, so ist mit den geradflächigen Eisen, wie Balleisen, Geißfuß, Grateisen, zu beginnen. Anschließend folgen die Werkzeuge mit gekrümmter Schneide, (Flach-, Hohleisen und Bohrer). Dadurch verhindert man die allzu häufige Rillenbildung auf der Schleifscheibe, die gewölbte Eisen zwangsläufig hervorrufen.

Beim Schleifen achte man darauf, daß die Fase mit gleichmäßiger Bewegung langsam auf der Schmirgelscheibe hin- und hergeführt wird. Dabei ist es wichtig, den Druck richtig zu dosieren. Ist er zu stark, führt es oft augenblicklich zum Ausglühen der Druckstelle, was unbedingt vermieden werden muß. Während des Anschleifens sollte das Eisen von Zeit zu Zeit im bereitstehenden Wasser gekühlt werden. Je weniger angeschliffen werden muß und je schneller beim Schleifen eine saubere, gleichmäßige Fase erreicht wird, um so mehr wird das

Werkzeug geschont. Häufiges Schleifen führt dazu, daß die Eisen bald kürzer werden. Anfängern sei daher empfohlen, zunächst mit einem nicht mehr gebrauchsfähigen Eisen, einer alten Feile oder ähnlichem, das Schleifen gründlich zu üben. Besondere Schwierigkeiten bereitet anfangs vor allem das Anschleifen von Geißfüßen. In diesem Fall ist man gut beraten, wenn man von einem Fachmann angeleitet wird.

2.2.1.2. Abziehen

Nach dem Anschleifen der Messer und Eisen ist erkennbar, daß sich auf der Schneide ein gezackter Grat gebildet hat, der entfernt werden muß, um ein exakt geschärftes Werkzeug zu erhalten. Diesen Vorgang bezeichnet man als Abziehen. Es sind ein oder mehrere *Abziehsteine* dazu erforderlich. Die Abziehsteine werden in verschiedenen Ausführungen gehandelt, in bezug auf Material, Körnung und Form. Weiterhin wird unterschieden zwischen Natur- und Kunststeinen. Dabei spielt die Verwendung des Gleitmittels eine große Rolle. Es gibt Wasser- und Ölsteine, aber auch Steine, die sowohl mit Öl, Wasser und mit Petroleum zu verwenden sind.

Ein verbreiteter und zweckmäßiger Naturstein zum Abziehen von Schnitzwerkzeugen ist der *Belgische Brocken.* Es handelt sich dabei um einen feinkörnigen Stein, geeignet zum Abziehen mit Wasser. Noch feiner sind die Hart-Arkansas-Steine, auch *Mississippi-Steine* genannt, für die Öl- und Petroleumgleitmittel verwendet werden. Sie sind zum Abziehen kleiner Eisen brauchbar, zum Beispiel von Zierbohrern und kleinen Geißfüßen sowie als Formstein zum Abziehen durch die Kehlung.

In den letzten Jahrzehnten haben sich immer mehr die *Kunststeine* durchgesetzt, die in allen benötigten Korngrößen und Härten herstellbar sind. Normale Rechteck-Abziehsteine werden

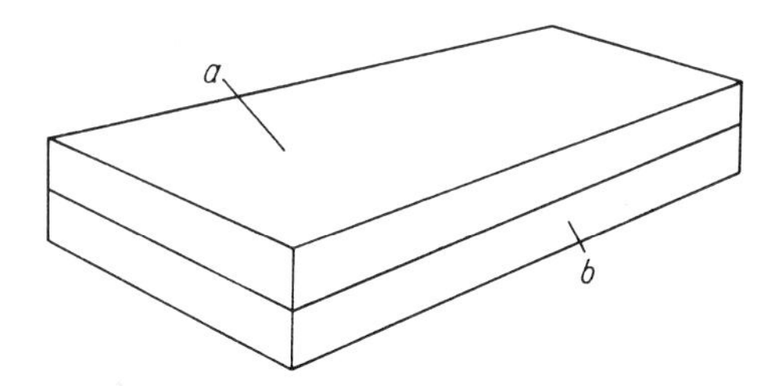

Bild 39. Zwei-Schichten-Kunststein (Rechteckform)
a grobkörnig, *b* feinkörnig

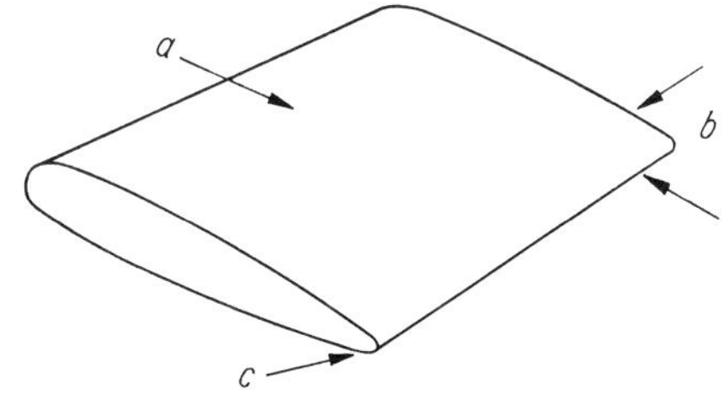

Bild 40. Multiformstein
a Flach für Schnitzmesser und Bildhauereisen, außen schleifen; *b* winklig für Geißfüße, innen schleifen; *c* abgerundet für Kehlungen schleifen

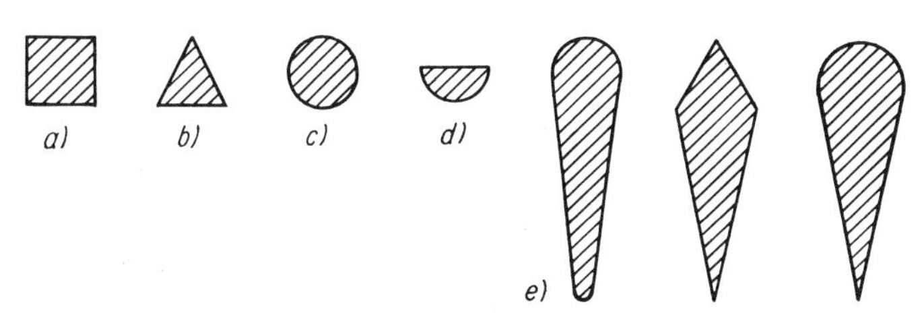

Bild 41. Profile von Formsteinen
a vierkantig, *b* dreieckig, *c* rund, *d* halbrund, *e* keilförmig

oft zweischichtig als Kombinationsstein geliefert, je mit einer Seite Grobkörnung, auf der anderen Feinkörnung (Bild 39). Bekannt sind Korund- und Karborundumsteine. Aus Edelkorund bestehende Steine haben eine große Schleifkraft; ihre Härte beträgt 9,5 nach *Moths*. Weiterhin bekannt sind die rötlichen Rubinitsteine, die sich ebenfalls durch große Härte auszeichnen. All diese Steine sind zum Gebrauch mit Öl, Petroleum und Wasser geeignet. Neben den rechteckigen und brockenförmigen Steinen zum Abziehen der Schneide von außen werden zum Abziehen innerhalb der Kehlung dazu passende Formsteine benötigt. Universell einsetzbar ist der Multiformstein (Bild 40). Weitere Formsteine, wie Keilformsteine und Zierbohrersteine, ergänzen das Sortiment (Bild 41).

Durch Abnutzung entstehen auf den Steinen mit der Zeit Vertiefungen und Rillen. Diese Unebenheiten können an der Schleifscheibe oder der Schmirgelscheibe plangeschliffen werden. Dabei ist auf den gleichmäßigen, nicht zu kräftigen Andruck an die rotierende Scheibe zu achten, um das «Verbrennen» des Steins zu verhindern. Auf diese Art und Weise kann man sich auch aus kleinen Abbruchstücken Formsteine vornehmlich für Zierbohrer herstellen. Neue und lange nicht benutzte Abziehsteine sollten vor Gebrauch einige Zeit in dem entsprechenden Gleitmittel gelagert werden. Besonders wichtig ist dies bei größeren Steinen.

Das angeschliffene *Schnitzmesser* wird auf die ebene Fläche des Abziehsteins gelegt. Der Abziehstein muß dabei ausreichend mit Gleitmittel gesättigt sein. Das Messer wird nun zur Fläche des Steines hin leicht angewinkelt und auf diesem hin und her bewegt. Dabei ist die Auflageseite gelegentlich zu wechseln (Bild 42). Richtig ist es, erst auf einem groben, danach

Bild 42. Abziehen eines Schnitzmessers

auf einem feinen Stein abzuziehen. Ist der durch das Schleifen entstandene Grat entfernt, prüft man durch einen Blick horizontal die Schneide, ob diese «blank» ist. Sind noch weiße Stellen zu sehen, wird das Abziehen fortgesetzt. Ist es nicht der Fall, reibt man das Messer noch kurz über einen Lederstreifen, das sogenannte Abziehleder. Dieses Lederstück kann vorher ein wenig mit pulverförmigem Polierkorund – in Drogerien erhältlich – eingestreut werden. Die Schärfe des Messers wird an einem Probeholz geprüft. Scharfes Werkzeug hinterläßt immer einen glatten, sauberen Schnitt.

Bildhauereisen werden zuerst außen abgezogen. Eine Hand hält das Werkzeug, die andere führt den Stein an der Schneide hin und her. Wichtig ist dabei, daß der Stein exakt auf der Fase aufliegt und so Strich an Strich die Form abzieht (Bild 43). Wie schon im vorangegangenen Abschnitt erwähnt, wird auch hier am besten mit einem gröberen Stein begonnen. Zwischendurch zieht man mit einem Formstein das Werkzeug von innen her ab. Dabei muß der Formstein gerade auf der Fläche der Innenform liegen und so, ohne nach vorn abzukippen, über die innere

Bild 43. Abziehen eines Bildhauereisens außen

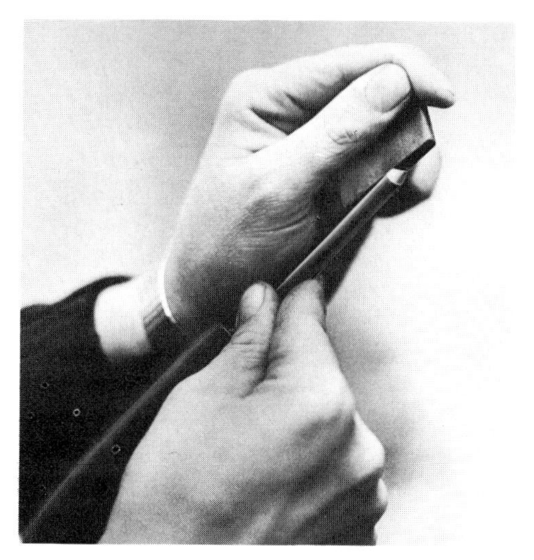

Bild 44. Abziehen mit dem Formstein (honen)

Schneidenseite gezogen werden (Bild 44). Wenn zu sehen ist, daß sich der Grat gelöst hat, zieht man mit dem feinkörnigen Stein auf die gleiche Art und Weise das Eisen nochmals gründlich ab. Auch hier ist die Werkzeugschärfe zunächst optisch mit einem Blick auf die Schneide zu prüfen. Das Abziehleder verleiht dem Werkzeug den letzten Schliff. Die Schneideprobe, am besten an einem Stück Hirnholz, zeigt, ob gut gearbeitet wurde. Die Schneide muß glatt, sauber und spiegelnd sein. Sind Spuren des Grates oder Scharten zu erkennen, muß der Abziehvorgang wiederholt werden. Nach der Beschreibung mag manchem der Vorgang des Schärfens eines Schnitzwerkzeuges recht langwierig erscheinen. Man sollte aber etwas Zeit dafür aufwenden. Beim Schnitzen macht sich das mehrfach bezahlt. Außerdem ist nach etwas Übung das Schärfen ohnehin schnell und sicher zu bewältigen.

Leider versucht so mancher Schnitzer, sich diesen Arbeitsaufwand durch das «Schwabbeln» mit der maschinell betriebenen Schwabbelscheibe zu erleichtern. Davon sollte abgesehen werden, da es weder fachgerecht ist noch sich lohnt. Die weiche Schwabbelscheibe krümmt die Winkelfläche der Schneide jeweils nach innen, was zu ungünstigen Schnitteigenschaften des Werkzeuges führt. Das Eisen zieht dann in das Holz und erschwert dadurch einen geraden Schnitt und die Kontrolle über den Formverlauf am Werkstück. Einige typische Fehler, die beim Schleifen auftreten können, werden in Bild 45 vorgestellt.

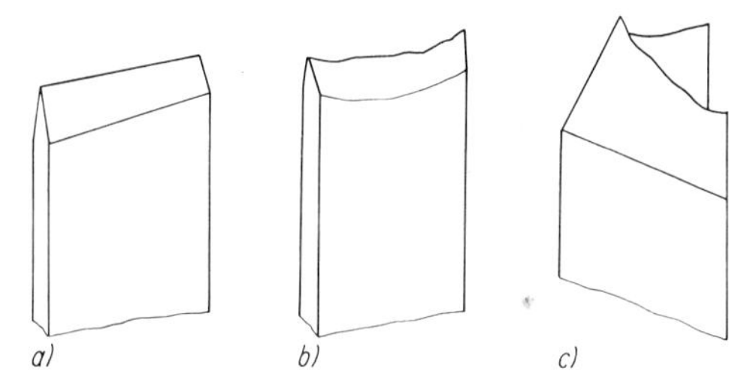

Bild 45. Schleiffehler
a Balleisen mit ungleichmäßig angeschliffener Fase,
b Flacheisen mit ungleichmäßig angeschliffener Schneide,
c Geißfuß mit ungleich angeschliffenen Winkeln und welliger Schneide

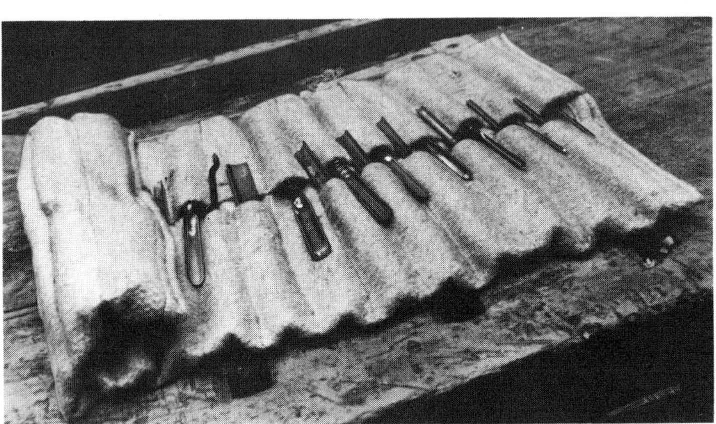

Bild 46. Richtige Lage der Eisen auf der Schnitzbank

Bild 47. Wickeltasche für Schnitzwerkzeug

2.2.2. *Aufbewahrung*

Grundsätzlich gelten Sauberkeit und ordnungsgemäße Instandhaltung als ständige Forderung. Die Werkzeuge sind vor Feuchtigkeit zu schützen und nicht in Räumen aufzubewahren, in denen mit Säuren gearbeitet wird. Schnitzwerkzeuge setzen schnell Rostflecken an. Die daraus resultierende Narbenbildung kann das Schnitzwerkzeug unbrauchbar machen. Werkzeuge, die für längere Zeit nicht benötigt werden, können mit einem dünnen Gemisch aus 7 Teilen Petroleum und 3 Teilen dünnem, harzfreiem Maschinenöl geschützt werden. Ölfilme sind vor dem Schnitzen zu beseitigen, um eine Fleckenbildung im Holz zu vermeiden.

Werkzeuge sind so zu handhaben, daß die Schneiden bei der Benutzung oder beim Ablegen nicht an harte Gegenstände stoßen können, da es dadurch zum Abstumpfen und zur Schartenbildung kommen kann. Beim Schnitzen sollten die Werkzeuge stets nebeneinander und in einer

Bild 48.
Wandschränkchen für Schnitzwerkzeug

Richtung auf dem Tisch oder der Schnitzbank liegen und mit der Schneide zum Gestalter zeigen. Das hat den Vorteil, daß nicht Schneide gegen Schneide oder Arbeitsstahl stoßen kann und man darüber hinaus aus einer Anzahl von Eisen den zu benötigenden Stich schnell herausfindet (Bild 46). Praktisch für Lagerung und Transport ist der *Werkzeugwickel.* Zeltleinwand oder ein anderes festes, dickes Gewebe eignet sich am besten. Messer und Eisen finden kreuzseitig neben Hilfsmitteln, wie Stifte, Zirkel, Taster, ihren Platz (Bild 47).

Eine weitere Aufbewahrungsmöglichkeit bietet das *Wandschränkchen*, das mit geeigneten Halteleisten für die einzelnen Werkzeuge versehen ist. In diesem Wandschränkchen ist eine trockene, übersichtliche Lagerung der Schnitzwerkzeuge gewährleistet. In Bild 48 wird ein solches Schränkchen gezeigt.

2.3. Anforderungen an die Qualität der Schnitzwerkzeuge

Ausschlaggebend für die Qualität der Werkzeuge ist in erster Linie die verwendete Stahlsorte und die Technologie der Herstellung, was sich bei Bildhauereisen als besonders wichtig erweist. Mit der Entwicklung der Schnitzkunst wurde auch das Werkzeug weiterentwickelt und verfeinert und erreichte während der Blütezeit der Schnitzkunst im 15. bis 16. Jahrhundert eine große Vielfalt an Formen und entsprechender Präzision in der Herstellung. Wenngleich auch heute das Werkzeug wesentlich rationeller hergestellt wird, so ist das doch noch mit einem erheblichen Teil Handarbeit verbunden. Die Eisen werden normalerweise im Gesenk geschmiedet. Anschließend erfolgt eine Nachbearbeitung. Die Eisen werden entgratet, geglättet und gehärtet. Einige Hersteller brünieren die Eisen, andere polieren sie auf Matt- oder Hochglanz.

Gelegentlich werden Schnitzeisen auch gefräst. Solche Werkzeuge zeigen leider oft Qualitätsmängel, besonders in der Dicke des Arbeitsstahls. Es ist deshalb beim Erwerb der Eisen immer darauf zu achten, daß die Dicke des Stiches vom Scheitelpunkt aus symmetrisch verläuft (Bild 49). Besonders die Schenkel der Geißfüße müssen gleichmäßig sein. Ungleich dicke Eisen lassen sich nur schwer oder überhaupt nicht fachgerecht anschleifen und vermindern den

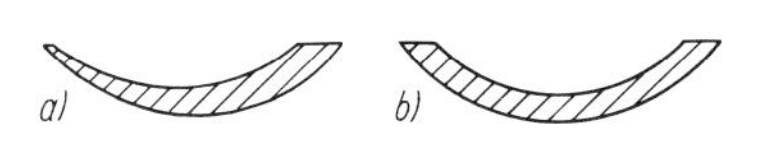

Bild 49. Qualitätsmerkmale
a ungleiche Dicke des Eisens – schlechte Qualität,
b gleichmäßige Dicke des Eisens – gute Qualität

Gebrauchswert. Weiterhin ist darauf zu achten, daß die Ränder an den Seiten des Arbeitsstahls nicht zu scharfkantig sind. Hier kann man allerdings durch gleichmäßiges Abschleifen die Qualität verbessern. Auf die Härte des Werkzeuges ist ebenfalls zu achten. Zu weiche Bildhauereisen werden schnell stumpf, zu harte brechen beim Arbeiten leicht an der Schneide aus. Es können sogar Risse im Stahl, meist entlang der Kehlung, entstehen. Zu hartes Werkzeug ist daran zu erkennen, daß es beim Anschlagen an Metall einen hohen, schwingenden Ton erzeugt. Abhilfe kann durch erneutes Härten geschaffen werden. Das sollte man allerdings durch einen entsprechenden Fachmann ausführen lassen.

Rillen und Narben in der Kehlung sind ebenfalls als Mängel anzusehen, die ein sauberes Arbeiten erschweren oder verhindern. Gegen Rostnarben beugt man durch gute Pflege und Lagerung vor. Zu beseitigen sind sie oft nur durch langwieriges Schleifen mit einem gröberen Abziehstein.

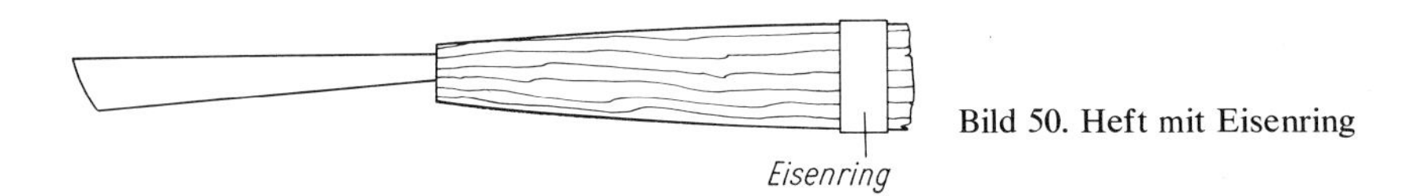

Bild 50. Heft mit Eisenring

Wichtig ist ebenfalls die einwandfreie Beschaffenheit des Heftes. Rissige, angespaltene oder lockere Hefte müssen gewechselt werden. Bei der Arbeit mit dem Bildhauerknüppel wird der Heftkopf stark beansprucht. Besonders die Hefte der großen Eisen, die meist zur Anlage benutzt werden und dabei ständig mit dem Knüppel in Berührung kommen, sollten durch einen Metallring am Ende geschützt werden (Bild 50). Dieser verhindert das Aufspalten des Heftes, vermindert die Abnutzung und schützt vor Unfällen.

3. Material

Holz ist ein Material mit wertvollen Eigenschaften und bietet viele Möglichkeiten für den Gestalter. Dabei ist es keineswegs ein idealer Werkstoff, wie er von Holzliebhabern gelegentlich bezeichnet wird. Er hat Vor- und Nachteile sowohl in seinen physikalischen Eigenschaften als auch in bezug auf Verwendungsmöglichkeiten. Einige Eigenschaften des Holzes sind für Holzbildhauer und Schnitzer besonders wertvoll. Seine interessante Struktur, Wärme, Farbton und Griffigkeit geben ihm Vorzüge gegenüber anderen Materialien. Ein weiterer Vorteil: Holz behält soliden natürlichen Charakter. Daher ist es für den Holzgestalter äußerst wichtig, sich ausreichend Kenntnisse über den von ihm verwendeten Werkstoff zu erwerben, um so durch Berücksichtigung aller Faktoren eine optimale Nutzung und Verarbeitung zu erreichen und dadurch ein Werk in guter Qualität zu schaffen.

Holz ist ein Rohstoff, der knapp geworden ist. Der Bedarf steigt ständig, aber die Bäume brauchen Zeit, um zu wachsen. Also ist Sparsamkeit mit diesem Material oberstes Gebot. Man sollte sich bei jedem Stück gut überlegen, ob es nicht noch für etwas zu verwenden ist, ehe es in den Ofen wandert. Das Sparen des wertvollen Materials beginnt bereits beim Entwurf, bei der Materiallagerung und natürlich beim optimalen Zuschnitt.

Da es nicht immer möglich ist, das gerade benötigte Holz verarbeitungsreif geliefert zu bekommen, und es besonders für den Schnitzer oft auch ökonomischer ist, sich das Holz selbst zu fällen – aber nicht ohne Genehmigung! – oder frisch gefällt zu erwerben und aufzubereiten, sollte er auch einiges über Trocknungsprozeß und Vorarbeiten bis zur Bearbeitung des Rohlings wissen.

3.1. Eigenschaften des Holzes

Holz ist ein Pflanzenprodukt und daher in seiner Entstehung zunächst ein lebendiges Material. Doch in seinem vollendeten Gefüge ist es bereits biologisch tot. Die weiteren Veränderungen, wie Quellen, Reißen, Schwinden und Werfen, sind rein physikalischen Ursprungs. Holz ist inhomogen, das heißt, ungleich zusammengesetzt. Auch dies spielt für den Gestalter eine Rolle. Außerdem ist es anisotrop, denn es weist nicht in jede Richtung des Wuchses die gleichen physikalischen Eigenschaften auf, was sich beim Bildhauen und Schnitzen entscheidend auf die Schnittechnik auswirkt.

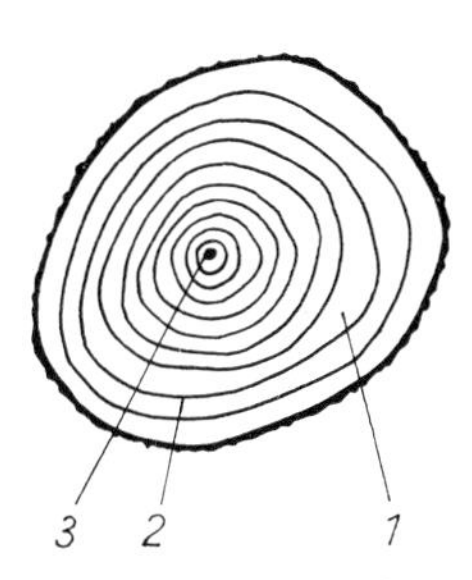

Bild 51. Querschnitt eines Stammes
1 Frühholz, *2* Spätholz; *3* Kern

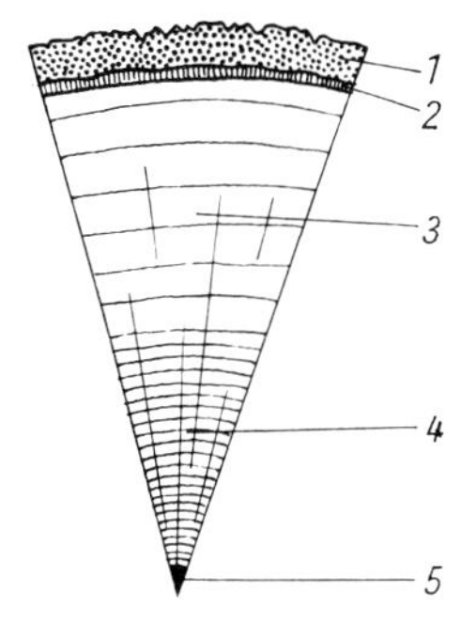

Bild 52. Segment eines Querschnittes
1 Rinde, *2* Kambium, *3* Splintholz, *4* Kernholz, *5* Kern

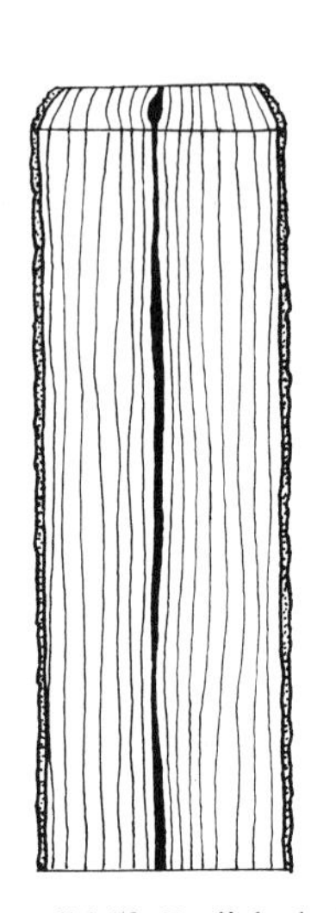

Bild 53. Radialschnitt

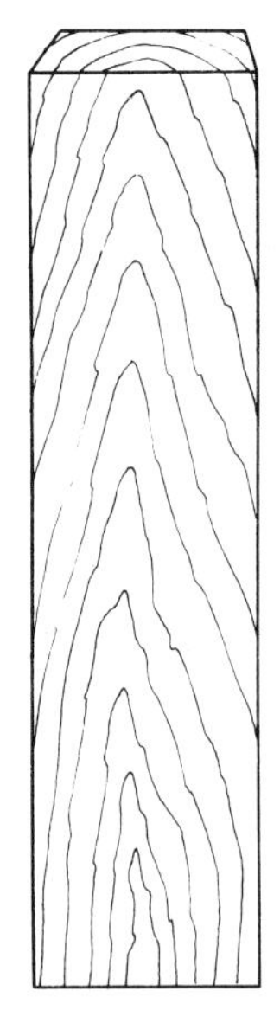

Bild 54. Tangentialschnitt

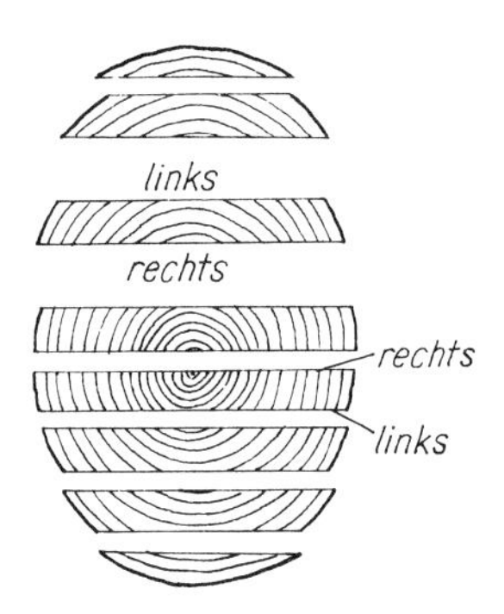

Bild 55. Linke und rechte Brettseite

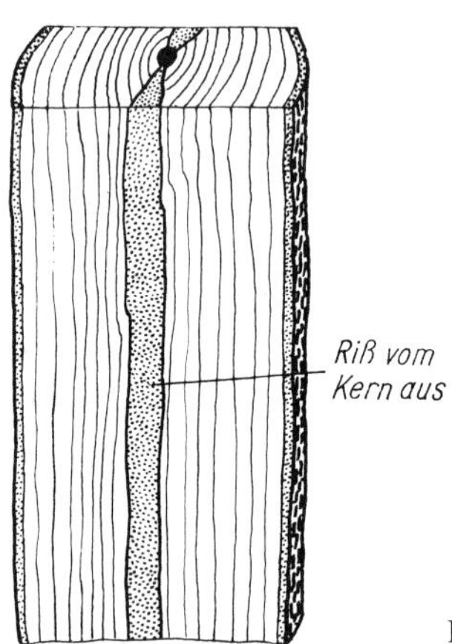

Bild 56. Mittelbrett

Wenn man einen Baumstamm quer durchschneidet, entsteht ein Hirnschnitt. Auf diesem ist von innen nach außen der Kern, das Kernholz, das Splintholz, das Kambium und die Rinde zu erkennen, alles ringförmig aufgebaut. Man bezeichnet sie als *Jahrringe*, wobei die breiten, weicheren Streifen vom Frühholz und die schmalen, härteren vom Spätholz gebildet werden (Bilder 51, 52).

Ein weiterer Schnitt parallel zur Längsachse des Stammes durch das Mark ergibt den *Radialschnitt*. Bei diesem verlaufen die Jahrringe annähernd parallel und sind als Maserung zu erkennen (Bild 53). Jeder Schnitt außerhalb des Markes wird als *Tangentialschnitt* bezeichnet und ergibt die Fladerung im Maserungsbild. Diese Struktur ist bei Brettern zu sehen (Bild 54). Aus dem Schnitt ergibt sich auch die «Seite» des Brettes. Bei einem Seitenbrett ist immer die schmalere, dem Kern entferntere Seite, die linke, die breitere demnach die rechte Seite (Bild 55). Da die linke Seite auch mehr Splintholz aufweist, trocknet das Brett auf dieser Seite schneller und wird dadurch hier hohlgezogen. Ein Brett, das noch den Kern enthält, wird als Mittelbrett bezeichnet und weist beim Trocknen andere Eigenschaften auf als ein Seitenbrett, der Schwund ist beiderseitig gleich, in der Mitte (Achse) bleibt es am dicksten, und es besteht große Gefahr, daß es auf der ganzen Länge am Kern entlang reißt (Bild 56).

Zu den Eigenschaften des Holzes, die für Holzbildhauer und Schnitzer sehr wichtig sind, gehören auch die *Härte* und die *Spaltbarkeit* des Holzes. Beides hat einen großen Einfluß auf die Auswahl des Materials für die jeweilige Schnitzarbeit. So dürfen z. B. bewegte Figuren nicht aus sehr leicht spaltbarem Material, Gebrauchsgegenstände nicht aus zu weichem Holz gefertigt sein. In bezug auf die Härte unterscheidet man zwischen *Hartholz* und *Weichholz*. Folgende Einteilung gibt darüber genauer Auskunft:
sehr weich: Balsa, Linde, Pappel, Weide, Weymouthskiefer, Zedernholz
weich: Erle, Fichte, Tanne, Kiefer, Roßkastanie, Birke, Douglasie
mittelhart: Lärche, Edelkastanie, Teak
hart: Ahorn, Apfel- und Birnbaum, Eberesche, Eiche, Eibe, Kirschbaum, Rüster, Robinie, Pitchpine
sehr hart: Buchsbaum, Mahagoni, Palisander, Pockholz.

Abweichend von diesen Richtlinien sind bei einzelnen Holzarten je nach Standort während des Wachstums merkliche Unterschiede festzustellen. So kann es sehr hartes Eichenholz geben, das zäh ist (Steineiche), aber auch Eiche, die sich relativ leicht schneiden läßt (Sandeiche). Manchmal muß man aber auch mit der Aufbereitung am frisch gefällten Stamm beginnen, und das ist dann bis zum zuschnittfertigen Stück Holz ein mühevoller Weg, der sich aber noch immer gelohnt hat. Hinzu kommt der Vorteil, daß man dadurch meist weiß, wann der Stamm geschnitten wurde. Holz für Schnitzarbeiten sollte stets im Spätherbst oder Winter gefällt werden. Dann nämlich, wenn sich der Saft am stärksten zurückgezogen hat. Im Saft geschnittenes Holz ist nicht «treu». Es reißt leichter und tiefer, ist instabil, wurmanfälliger und einer frühzeitigen Zersetzung unterworfen.

Allerdings kann das Material Mängel aufweisen, die den Wert des Holzes mindern. Es gibt aber auch bestimmte Fehler, die den Gebrauchswert des Holzes nicht beeinflussen, sondern ihn gelegentlich sogar erhöhen. Entscheidend dafür ist lediglich der Zweck der Verwendung. So kann Holz mit Maserwuchs, das als minderwertig angesehen wird, für dekorative Arbeiten sehr gefragt sein.

Es ginge zu weit, die Holzfehler bis ins Detail aufzuführen. Fachliteratur gibt darüber hinreichend Informationen. Erwähnt seien nur einige davon, die für den Holzbildhauer oder Schnitzer besondere Beachtung verdienen.

Holzfehler können von Natur aus durch klimatische, vegetative und biologische Einflüsse entstehen. Weiterhin durch Pilzbefall, tierische Schädlinge; speziell durch Insekten. Gegen fehlerhaften Wuchs kann man natürlich nichts unternehmen, jedoch Pilzbefall und starke Rißbildung durch eine sachgemäße Lagerung weitgehend verhindern.

Die *Ästigkeit* des Holzes ist ein Fehler, der das Material für Schnitzarbeiten fast ausnahmslos unbrauchbar macht. Höchstens für einige dekorativ-gestalterische Arbeiten ist es zu verwenden, sofern die Äste fest verwachsen sind. Das betrifft hauptsächlich Nadelhölzer, wie Fichte, Kiefer und Lärche. Besonders unangenehm wirken sich verdeckte Äste aus, wie man sie in der Linde gelegentlich findet. Während am Rohling noch nichts zu erkennen ist, kommen sie bei der Anlage plötzlich zum Vorschein. Hier ist eine Weiterverwendung des Stückes nur dann sinnvoll, wenn die fertiggeschnitzte Arbeit am Ende gebeizt oder bemalt werden soll, so daß die Aststelle farblich ausgeglichen oder übermalt wird. Ebenso verhält es sich mit den *Harzgallen.* Diese können mit Holzkitt (Flüssigholz) oder Wachs (Bienenwachs) verschlossen werden. Auch der *Drehwuchs* ist nicht erwünscht. *Drehwüchsiges Holz* ist sehr schwer zu schneiden.

Weiterhin stören Fehler im *Jahrringbau* beim Schnitzen. Da gibt es das Buchsbaum- oder

Bild 57. Durch Fäule und Pilze befallenes Holz

Rotholz, das breite Jahrringe aufweist mit stark vergrößertem, rotbraungefärbtem und hartem Spätholzanteil. Dieses Holz ist sehr spröde und unschön und daher für das Holzschnitzen nicht brauchbar. Durch *Risse* wird das Holz minderwertig oder gar nicht verwendbar. Frostrisse entstehen bereits am noch verwurzelten Baum durch Kälteeinwirkung und reichen als Radialrisse, die meist im unteren Teil des Baumes entstehen, oftmals bis zum Kern. Luftrisse treten bei der Lagerung auf und können dementsprechend weitestgehend vermieden werden. *Pilzbefall* richtet großen Schaden am Holz an. Die *Holzfäule* führt zur Auflösung der Holzsubstanz und deren völligen Zerstörung. Die von Fäule zerfallenen Hölzer sind ebenso untauglich zum Schnitzen wie zu anderweitiger Nutzung (Bild 57).

Holz wird wertlos durch den *Befall von Insekten* und deren Larven, die Löcher und Gänge in das Holz fressen. Dieses «wurmbefallene Holz» ist auch zum Schnitzen nicht verwendbar.

3.2. Spalten und Schneiden

Wenn man von einigen wenigen Verwendungsmöglichkeiten absieht, ist es nicht erforderlich, das Holz im ganzen Stamm zu lagern und zu trocknen. Es würde dadurch zum Schnitzen unbrauchbar. Lediglich bei der Säulenschnitzerei werden ganze Stämme oder Äste verwendet und die durch das Trocknen entstandenen Risse mit in Kauf genommen (Bilder 58, 59). Das gleiche trifft bei Freilandplastiken zu, die meist sehr großzügig gestaltet sind, so z. B. Kletterfiguren für Kinderspielplätze.

Um ein möglichst rißarmes Holz zu erhalten, muß man den Stamm längs durch den Kern trennen. Hat man nicht die Möglichkeit, den Stamm im Gatter schneiden zu lassen oder macht es sich aus einem anderen Grund notwendig, so kann leichter spaltbares Holz mit Hilfe von Keilen in Hälften oder Viertel gespaltet werden (Bild 60). Dazu werden Metallkeile, Holzkeile zum Nachrücken und ein Vorschlaghammer benötigt. Größtenteils wird es günstiger sein, wenn das benötigte Holz im Sägewerk zu Bohlen oder Brettern geschnitten wird. Dies geschieht überwiegend im Blockschnitt im Vertikalgitter (Bild 61). Die Verlustquote bei der Weiterverarbeitung ist hier wesentlich niedriger als beim gespaltenen Holz.

Bild 58. Claus Max
Bergmann
Säulenschnitzerei

Bild 59. Claus Max
Bergmann
Säulenschnitzerei

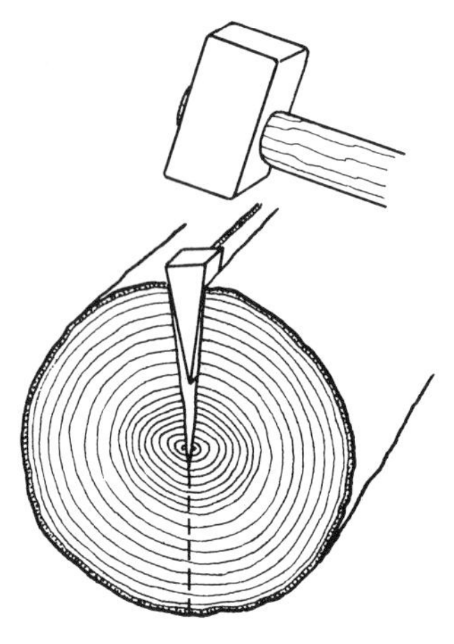

Bild 60. Aufspalten des Holzes über dem Kern mit Keil

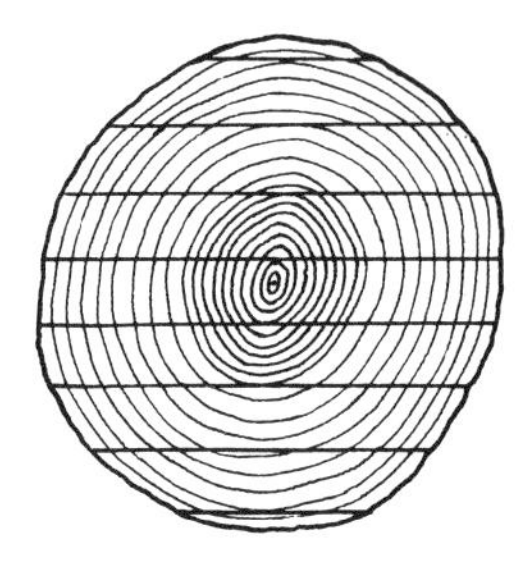

Bild 61. Rundschnitt im Vertikalgitter

3.3. Lagern und Trocknen

Bevor das Holz zum Schnitzen weiterverarbeitet werden kann, muß es trocken genug sein. Ein frisch gefällter Baum enthält rund 60% Wasser. Dieser Feuchtegehalt geht zunächst bei günstigen Luftverhältnissen schnell auf 25...30% zurück, denn das sich in den Siebröhren und in den Zwischenwänden des Zellgewebes befindende «freie» Wasser verdunstet schnell. Die restliche vorhandene Feuchte jedoch ist in den Holzfasern gebunden, und das bedingt einen längeren Trocknungsprozeß.

Für die Schnitzarbeiten benötigt man Holz, das nur noch einen Verarbeitungsfeuchtesatz von 8...12% aufweist. Nun ist durch die Darrmethode und Geräte, wie elektrische Holzfeuchtemesser und Feuchteabsolutbestimmer, eine relativ genaue Messung möglich. Der Holzbildhauer oder Schnitzer wird über diese Apparate kaum verfügen. Er muß sich auf sein Wissen um Dauer der Lagerung des Holzes und auf einfache Schnittproben am Holz verlassen. Gewiß ergeben sich mit der Zeit Erfahrungswerte, und man kann mit ziemlicher Sicherheit bestimmen, wann das Holz trocken genug ist. Unliebsame Überraschungen an einem halbfertigen Stück oder gar an einer fertigen Arbeit, in der sich plötzlich Risse zeigen, sind nicht immer ausgeschlossen. Wichtig ist für eine gute Holztrocknung, daß das Material möglichst gleichmäßig trocknet. Andernfalls entstehen durch zu starke Feuchtigkeitskontraste Spannungsrisse, die einen großen Verlust durch Verschnitt schaffen, wenn nicht gar unbrauchbar

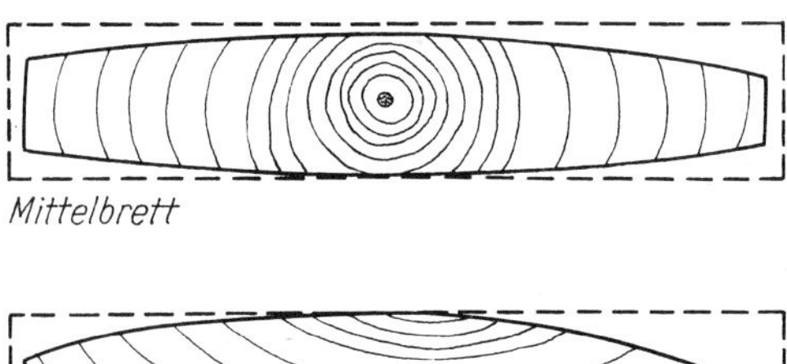

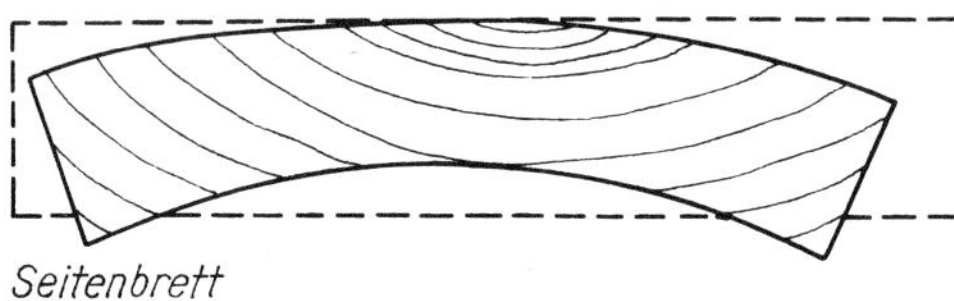

Bild 62. Formveränderung des Holzes beim Trocknen

machen. Da sich durch die größeren Verdunstungsflächen an den Enden die Trocknung schneller vollzieht (Bild 62), empfiehlt es sich, die Hirnholzflächen zum Beispiel mit Latexfarbe einzustreichen. Auch eine Wachsschicht aus geschmolzenen Kerzenresten hat sich gut bewährt. Das Holz kann nun zum Trocknen gestapelt werden. Zweckmäßigerweise kommt die Freilufttrocknung in Frage. Auf ebenem und trockenem Boden werden entsprechend der Größe des zu errichtenden Stapels Stapelsteine gelegt. Sehr günstig sind transportable Stapelklötzer aus Beton, deren Grundfläche etwa 30 cm × 30 cm betragen sollte. Sie verlaufen nach oben konisch, und die Höhe liegt etwa bei 25...30 cm. Auf diese Pfeiler werden möglichst imprägnierte Kanthölzer, etwa 10 cm × 12 cm oder 12 cm × 14 cm, gelegt und in einer Ebene ausgerichtet. Dabei sollte der Stapel ein leichtes Gefälle aufweisen, damit Regenwasser besser ablaufen kann. Auf diese Unterlage können nun Stapelleisten, etwa 20...30 mm dick, aufgelegt werden. Dann wird die erste Holzlage gestapelt. Ein Stapel muß zumindest an einer Stirnseite bündig gestapelt sein (Bild 63 *a* bis *d*). Der Abstand der Lagerhölzer entspricht der Dicke des Stapelgutes. Bei dünneren Brettern ist ein geringerer Abstand erforderlich, der sich bei dickeren Hölzern entsprechend verbreitert. Bei Kastenstapeln soll die rechte Seite des Holzes nach oben zeigen. Stapelleisten aus Eiche dürfen bei Nadelhölzern nicht verwendet werden, da durch die in der Eiche enthaltene Gerbsäure unerwünschte Verfärbungen am Stapelgut auftreten können. Stapelleisten werden immer genau übereinandergelegt. Ein fertiger Stapel muß abgedeckt werden. Man kann Schwarten dazu verwenden, günstiger sind Bretter mit einer Schicht Dachpappe, Wellblech- oder Wellplastplatten. Es ist darauf zu achten, daß eine gute Belüftung möglich ist.

Festgebundene Stapelabdeckungen sichern den Stapel gegen Wind- und Sturmeinflüsse. Bei ordnungsgemäßer Stapelung erreicht man nach einer angemessenen Frist bei der Freiluft-

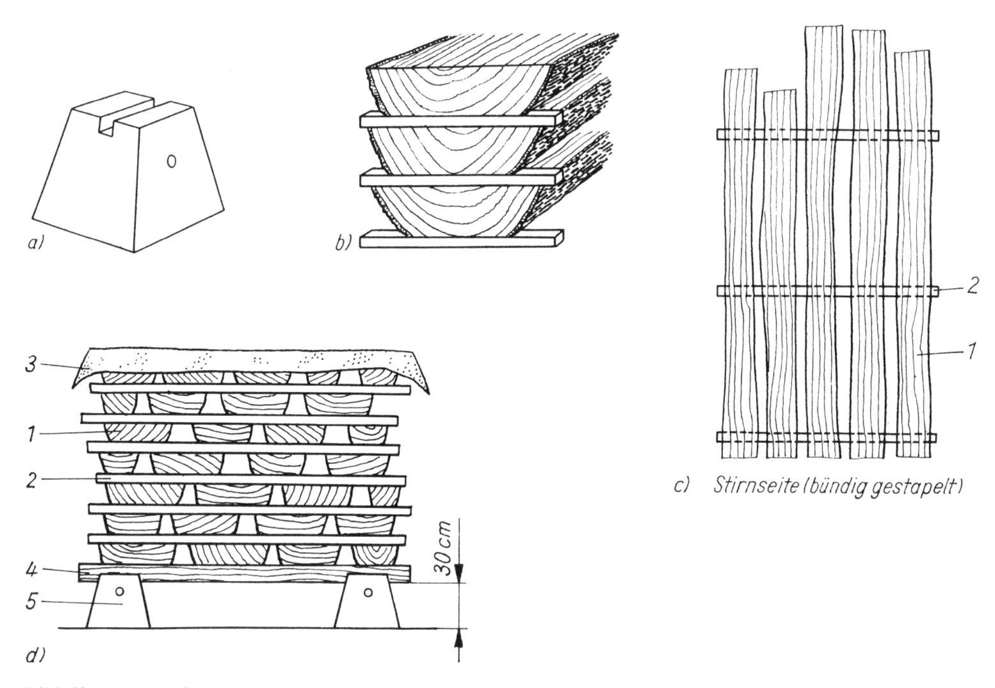

Bild 63. Holztrocknung
a Stapelklotz aus Beton, *b* rechte Brettseiten zeigen beim Stapeln nach oben, *c* Ansicht von oben auf einen Holzstapel, *d* Ansicht eines Holzstapels von der Stirnseite
1 Stapelgut, *2* Stapelleisten, *3* Abdeckung, *4* Pfosten, *5* Stapelklötzer

trocknung einen Holzfeuchtegehalt von etwa 15 %. Eine Nachtrocknung kleinerer Mengen von Hölzern ist in Räumlichkeiten möglich, etwa durch Aufhängen der Bretter über Wärmequellen, wobei man natürlich das Trockengut nicht zu dicht an diese heranführen darf. Neben dieser Art des Holztrocknens gibt es noch die technische Trocknung. Sie wird vorwiegend in Trockenkammern durchgeführt, hat erhebliche Vorteile gegenüber der herkömmlichen Trocknungsart, ist jedoch kosten- und energieaufwendig.

In den hermetisch abgeschlossenen Trockenkammern zirkuliert, durch Gebläse reguliert, angewärmte Luft. Der Trocknungsprozeß verläuft gleichmäßig und sehr schnell. Bei einer intensiven Nutzung wird die Holztrocknung in der Trockenkammer wirtschaftlicher als die Freilufttrocknung. Weitere technische Trocknungsverfahren sind in der Spezialliteratur erläutert.

3.4. Verleimen

Um Blöcke oder Flächen aus Holz gestalten zu können, macht es sich erforderlich, mehrere Holzstücke miteinander zu verleimen. Dazu ist es unerläßlich, die Eigenschaften des Holzes und bestimmte Regeln beim Verleimen zu beachten. Als Leim wird der Knochenleim, meist als Perlleim angeboten, mit Wasser im Leimkocher angerührt. Darüber hinaus verwendet man den im Handel üblichen Kaltleim auf PVAc-Basis. Bei größeren Reliefs werden Flächen und für Figuren Blöcke verleimt. Da das Holz arbeitet, ist es nötig, auch beim Leimen den damit entstehenden Qualitätsminderungen entgegenzuwirken. Bei Flächenverleimungen sollte aus diesem Grunde nur Kernholz mit Kernholz und Splintholz mit Splintholz verleimt werden (Bild 64). Die Leimfläche muß natürlich immer plangehobelt sein, darf keine Fette auf der

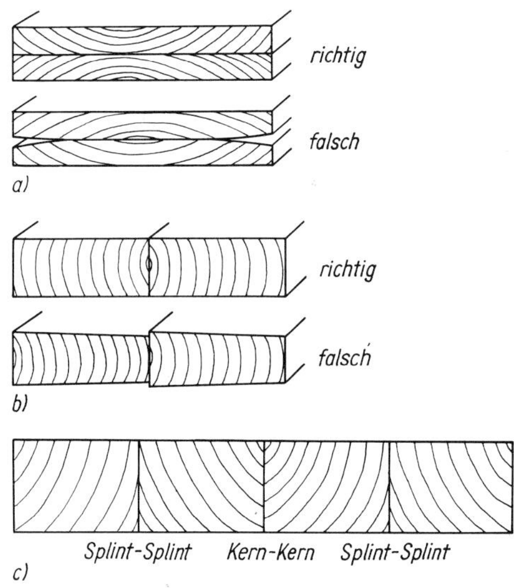

Bild 64. Holzverleimung
a aufeinanderliegend, *b* seitlich, *c* Flächenverleimung

Oberfläche aufweisen und sollte beim Verleimen mit warmem Knochenleim vorgewärmt werden. Nach dem Einstreichen und Aufeinanderlegen der Klebeflächen werden diese mit der Bankzange oder bei größeren Verleimungen mit entsprechenden Schraubzwingen, den sogenannten «Knechten», zusammengepreßt. Beim Leimvorgang wird mit einer Abbindezeit bis zu 24 Stunden gerechnet.

4. Zeichnen

Um schnitzen zu können, muß man sich im Zeichnen üben. Derjenige, der gut zeichnen kann, hat schon eine wichtige Voraussetzung, das Schnitzen zu erlernen. Ob nach Vorlagen aus der Natur, bei Übernahme traditioneller Formen oder bei der eigenschöpferischen Arbeit an neuen Formen aus der Fantasie des Gestalters – immer wird es notwendig sein, die entsprechende Arbeit vorher zeichnerisch zu entwerfen. Dabei reicht oftmals eine Zeichnung bei weitem nicht aus. Abgesehen davon, daß bei plastischen figürlichen Arbeiten mehrere Ansichten gezeigt werden müssen – von vorn, von der Seite und von hinten –, ist es meist notwendig, für ein Stück mehrere Zeichnungen anzufertigen, bis die richtige Variante gefunden ist. Schließlich müssen die Bewegungen erkennbar sein und die Proportionen stimmen. Oft geht der Zeichnung eine grobe Skizze voraus. Neben *Bleistift* oder *Feder* wird dabei auch *Zeichenkohle* verwendet, besonders zum Skizzieren größerer Arbeiten. Die maßgebenden Entwurfszeichnungen sollten nach Möglichkeit im Maßstab 1 : 1 angefertigt werden.

Kohlezeichnungen sind leicht verwischbar, doch kann man es durch Fixieren vermeiden. In letzter Zeit werden zum Zeichnen zunehmend auch Faserstifte verwendet.

Zeichnen schult Augen und Hand des Holzbildhauers und Schnitzers und verhilft dazu, den Einblick in anatomische Zusammenhänge bei Mensch und Tier zu gewinnen.

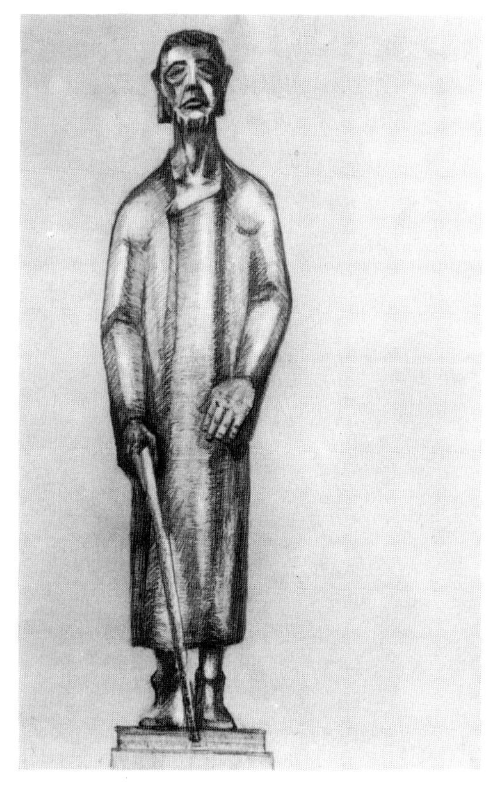

Bild 65. Klaus Giese
Der Blinde
Zeichnung

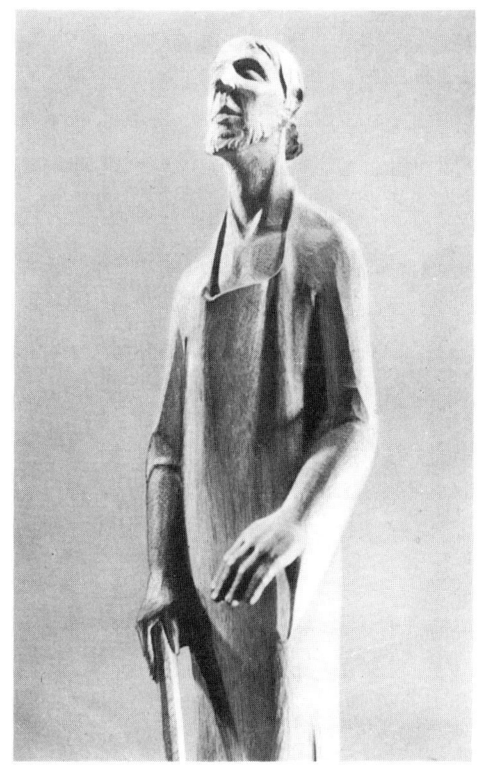

Bild 66. Klaus Giese
Der Blinde
Kambala-Teak

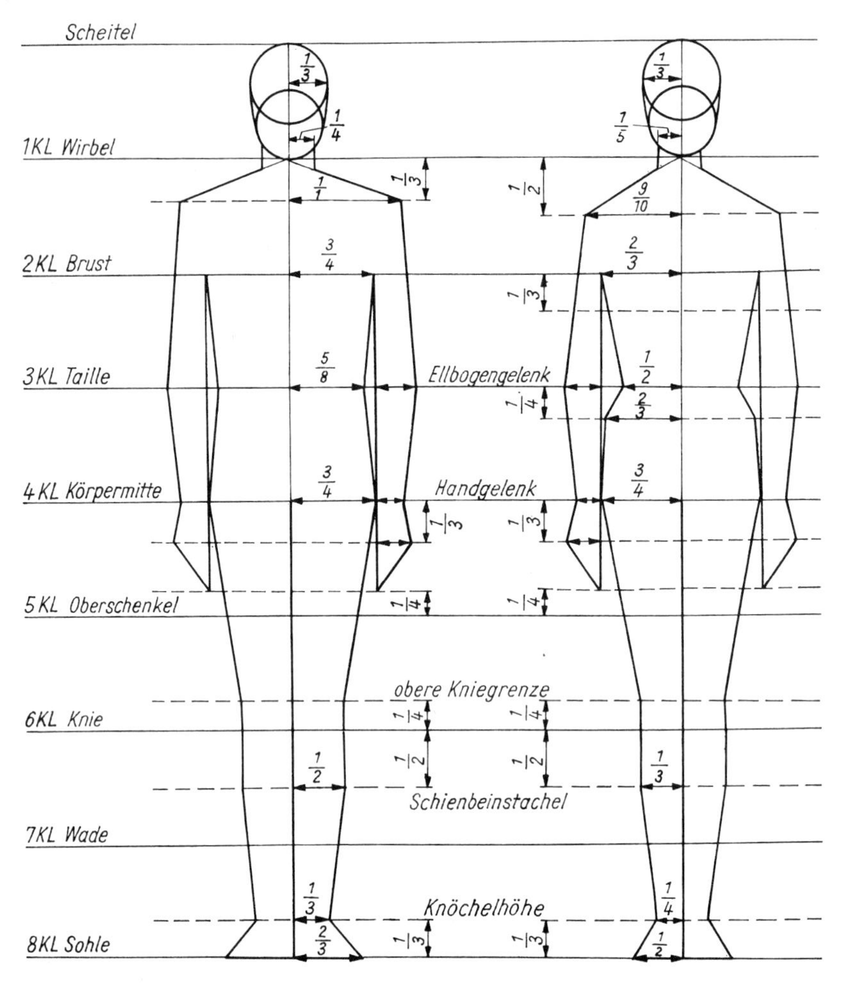

Bild 67. Die menschlichen Proportionen
(Mann und Frau nach *Gottfried Bammes*), die Einteilung erfolgt nach Kopflängen (KL)

Vorrang haben *Naturstudien.* Um plastisch arbeiten zu können, sind beim figürlichen Zeichnen Skelett-, Muskel- und *Bewegungsstudien* außerordentlich wichtig.

Das Skelett besteht aus festem Material. Körperbewegungen sind dadurch möglich, da die Knochen durch Gelenke verbunden sind, die nur bestimmte Richtungen, bestimmte Winkel zulassen.

Knochen sollten daher in der Zeichnung und in der Plastik gerade dargestellt werden, gebogen nur dann, wenn von gestalterischer Sicht aus die Notwendigkeit besteht, sie bewußt so darzustellen, etwa, um damit die Einheit von Inhalt und Form zu unterstreichen. An den Knochen liegen die beweglichen Muskeln an. Ihre Kontraktion bewegt die Gliedmaßen. Es ist das Zusammenwirken der Beuge- und Streckmuskeln, die Richtung und Geschwindigkeit der Bewegung bestimmt.

Die Muskeln und Muskelpartien sind mit Fettpolstern und -geweben umgeben; dies alles wird von der Haut umspannt und ergibt so die maßgebende Körperform. Eine für das Schnitzen nützliche Zeichnung basiert auf dem Naturstudium oder auf einer Idee zur Schaffung einer bestimmten Form oder Formkomposition. Entweder wird die lineare Zeichnung (hell – dunkel) oder die Zeichnung mit Licht- und Schattenwirkung (Schraffur) angewendet. Zum Festhalten von Bewegungsstudien eignen sich auch Pinselzeichnungen recht gut.

Nach Anfertigung dieser Natur- bzw. Ideenskizze oder besser einer Anzahl solcher Skizzen wird die gelungenste, treffendste ausgesucht. Hiervon wird eine durchgearbeitete Zeichnung angefertigt, die die Grundlage für die weitere, nun als Modell oder schon im Holz auszuführende plastische Arbeit bildet (Bilder 65, 66).

Einige Grundregeln erleichtern das figürliche Zeichnen:

Eine Maßeinteilung der Figuren sollte vorgenommen werden. Die Körperlänge entspricht insgesamt etwa 8 Kopflängen. 3 Kopfbreiten ergeben die Schulterbreite. Die Handlänge reicht vom Kinn bis zum Haaransatz und entspricht der Größe der Gesichtsfläche. Auf das richtige Verhältnis Spielbein-Standbein ist zu achten. Die Beckenverschiebung spielt dabei wie auch in der Bewegung eine wichtige Rolle.

Beim Skizzieren und beim Aufbau der Figur sollte man von den geometrischen Formen, Kreis, Dreieck und Viereck ausgehen (Bild 67). Empfehlenswert ist, wenn die Möglichkeit besteht, anhand eines lebenden Modells zu zeichnen. Proportionen und Bewegungen lassen sich so am besten studieren und auf das Papier bringen. Die Funktion der Gliedmaßen, so z. B. das Festhalten eines Gegenstandes oder auch Ausdruck von Gesicht oder Körperhaltungen sind dabei am besten zu erfassen. Dies ist auch für die richtige Darstellung von Kleidung am Körper wichtig. Faltenwürfe oder die Gestaltung dessen, was die Kleidung vom Körper verdeckt und was sie betont bzw. unterstreicht, läßt sich hierdurch erkennen.

Um wirklich zeichnen zu lernen, sollte man jede Gelegenheit zur Übung nutzen. Die Anleitung eines Zeichenlehrers oder erfahrenen Zeichners oder Malers wäre dazu die beste Voraussetzung. Zumindest sollte man jedoch versuchen, durch entsprechende Fachliteratur Wissen über dieses Gebiet zu erlangen. Hervorragend geeignet ist dazu die «Künstleranatomie» von *Gottfried Bammes.*

5. Modellieren

Einen wesentlichen Raum bei der Gestaltung von bildhauerischen Arbeiten, ganz besonders der figürlichen Plastik, nimmt das Modellieren ein. Im Werdegang einer Figur reicht die Zeichnung als Vorlage oftmals nicht aus, um dann gleich ins Holz gehen zu können. Dies trifft sowohl für Einzelstücke als auch für größere Arbeiten zu.

Beim Modellieren in Ton, Plastilin oder Gips setzt man die Zeichnung ins Plastische um. Dabei besteht durch die Eigenarten dieser Materialien die Möglichkeit der Korrektur. Ton und Plastilina sind denkbar günstige Materialien. Es kann immer wieder Modelliermasse hinzugefügt und weggenommen werden, bis die Form stimmt. Mit Holz kann nicht so verfahren werden – was dort einmal weggeschnitten wurde, ist nicht mehr zu korrigieren!

5.1. Anfertigen des Modells

Neben dem Modelliermaterial (Ton, Plastilin und Gips) benötigt man ein Stück Holz als Grundplatte oder Sockel, Draht unterschiedlicher Dicke oder schmales Bandeisen anstelle des Drahtes. Es sollte sich dabei um rostfreies Material handeln.

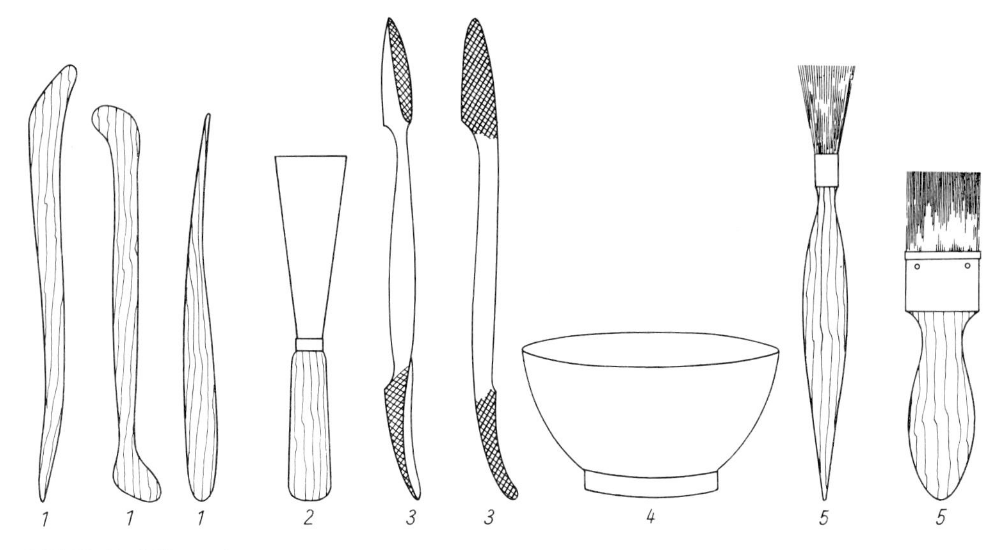

Bild 68. Modellierwerkzeug
1 Modellierhölzer, *2* Spachtel, *3* Riffelfeilen aus Metall, *4* Gipsbecher, *5* Pinsel

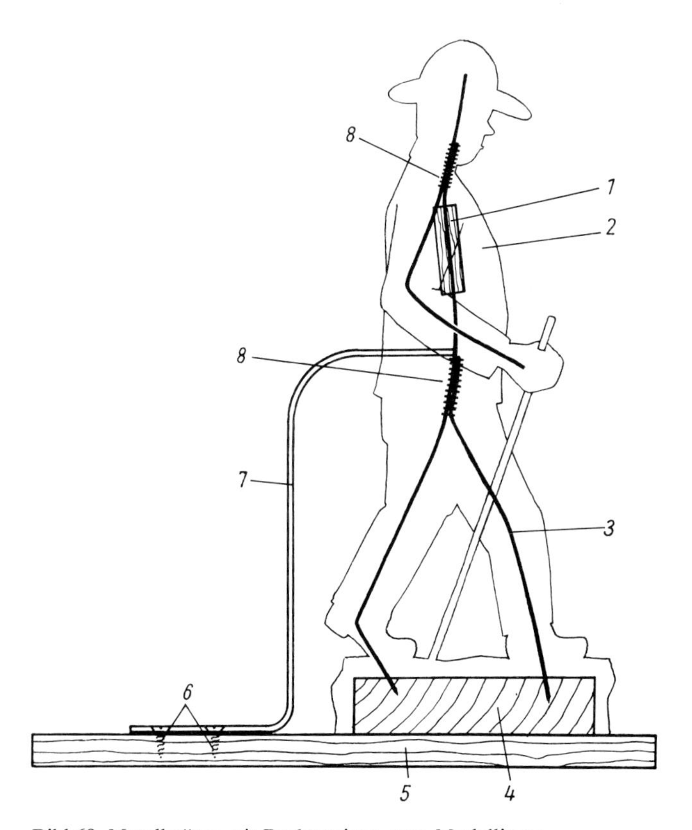

Bild 69. Metallstütze mit Drahtgerippe zum Modellieren
1 Holzeinlage, *2* Modelliermasse, *3* Draht, *4* Holzsockel, *5* Brett, *6* Schrauben, *7* Eisenstütze aus Bandeisen, *8* Draht zum Befestigen von Arm- und Beineisen

Als Werkzeug benötigt man einige *Modellierhölzer*, die man recht einfach selbst anfertigen kann. Für Gipsarbeiten wird Metallwerkzeug verwendet, weil Holz zu weich ist. Metallene Spachtel und Schaber, eventuell auch Riffelfeilen zum Nachbearbeiten sind notwendig. Gipsbecher aus Gummi und Pinsel vervollständigen das Werkzeug (Bild 68). Abgesehen von sehr kleinen Modellen oder Reliefmodellen wird es erforderlich, vor Beginn der Arbeit ein «Gerüst» zu fertigen, an dem das «Drahtskelett» der Plastik befestigt wird. Dazu kann auf dem Holzsockel dicker Draht oder das Bandeisen befestigt und in der erforderlichen Höhe (etwa vorgesehene Körpermitte) winklig gebogen werden. An dieser galgenförmigen Metallstütze befestigt man das Drahtgerippe. Darauf wird dann die *Modelliermasse* aufgetragen (Bild 69). Das Drahtgerüst muß den erforderlichen Proportionen entsprechen und sich in Form und Bewegung der geplanten Figur anpassen. Die Verdickungen dürfen nirgends aus der Form hervortreten.

Das Auftragen der Modelliermasse beginnt nun von innen nach außen, von unten nach oben. An Sockel und Beinen angefangen, baut sich die Plastik auf, wobei sich durch die bindende Kraft des Materials die Stabilität erhöht. Gearbeitet wird hauptsächlich mit Zeigefinger und Daumen. Bei der Arbeit mit Plastilin kann man sich Kügelchen unterschiedlicher Dicke formen und sie so auftragen (oder wieder abnehmen), daß sich nach und nach die gewünschten Formen ergeben. Modellierwerkzeug wird dabei in erster Linie verwendet, wenn es gilt, überflüssiges Material wegzuschneiden oder zu schaben bzw. an Stellen zu arbeiten, die mit den Fingern nicht erreichbar sind.

Bei Arbeiten mit Ton ist weiterhin darauf zu achten, daß das Material die richtige Feuchte hat. Zu trockener Ton bröckelt; zu feuchter schmiert. Das Modell ist bis zum Abschluß des Modellierens, was ja manchmal etliche Tage dauern kann, feucht zu halten. Das wird dadurch erreicht, wenn man es während der Zeit, in der nicht daran gearbeitet werden kann, mit einem feuchten Lappen umwickelt.

Tonmodelle haben den Vorteil, daß sie auch gebrannt werden können und somit dauerhaft haltbar bleiben. Allerdings ist dabei zu beachten, daß dies nur bis zu einer bestimmten Größe möglich ist, denn Holzsockel und Metallstütze entfallen. Deshalb muß besonders vorsichtig gearbeitet werden. Eine solche Arbeit wird vorher etwa 14 Tage luftgetrocknet und dann bei 900 °C gebrannt.

Haltbare Modelle können aus *Gips* gefertigt werden. Hier gilt es, zügig zu arbeiten, denn Gips bindet rasch ab. Um an das Drahtskelett erst einmal Masse zu bringen und Halt zu schaffen, sollte man sich eine entsprechende Menge Stoffstreifen fertigen. Dazu eignen sich alte Lappen, etwa von Kleidungsstücken, die nicht mehr gebraucht werden. In ein Gefäß mit Wasser wird so viel Gips gegeben, daß sich ein dünnflüssiger Brei ergibt. Darin werden die Lappen getränkt, um dann sofort um den Draht gewickelt zu werden. Die Grundformen von Rumpf, Armen, Beinen und Kopf bekommen so Masse und Haltbarkeit. Aber das Skelett nicht zu stark umwickeln, damit dies später bei Korrekturen nicht hinderlich wird! Ist dieser Prozeß beendet, wird erneut Gips (möglichst Modellgips) angerührt. Man stellt dazu so viel Wasser bereit, wie Gipsmasse verarbeitet werden kann, bevor sie fest wird. Daher nie zuviel anrühren, lieber öfter einmal neuen Gips ansetzen! Der Gips, der aufgetragen wird, sollte so lange umgerührt werden, bis er die Konsistenz einer dicken Mehlsuppe hat. Mit der Spachtel wird die Gipsmasse so aufgetragen, wie es bis zum Erreichen der Form notwendig ist. Dabei dient das eingangs beschriebene Metallwerkzeug als Hilfsmittel. Natürlich kann man auch mit den Fingern arbeiten, ohne Werkzeuge zu verwenden. Die Hand paßt sich der zu modellierenden Form gut an und nimmt der Figur die Starrheit. Wenn es sich notwendig macht, können bereits abgebundene Gipsflächen mit der Riffelfeile nachgearbeitet werden.

5.2. Gipsgießen

Da weder Plastilin, Wachs oder Ton, wenn er nicht gebrannt werden kann, auf die Dauer haltbar sind, benötigt man von diesen Modellen gelegentlich einen Gipsabguß. Gips ist haltbar und auch für die Punktübertragung (siehe Abschnitt 6.4.) geeignet. Dabei bildet das Abgießen einen Komplex, der bei kleinen, einfachen Formen dem Laien keine Schwierigkeiten bereitet, bei größeren plastischen Arbeiten jedoch Kenntnisse und Übung verlangt. Einfache geometrische Körper und Flachreliefs lassen sich in einer Schale gießen.

Das Abgießen eines Ton- oder Wachsmodells (Plastilin) zu einem (einmaligen) Gipsguß erfolgt durch die Technik der «verlorenen Form» (Bild 70). Dazu benötigt man neben dem

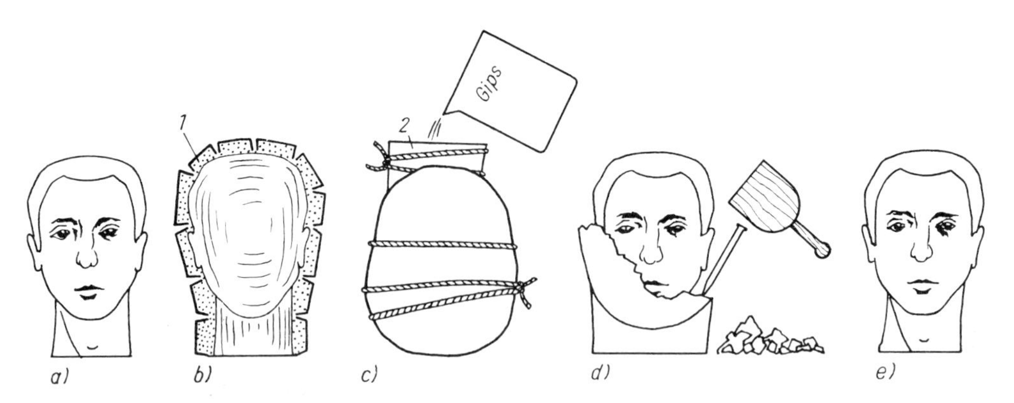

Bild 70. Gießen einer verlorenen Form (Gips)
a Ton- oder Plastilin- (Wachs-) Modell, *b* Modell mit Metallplättchen abgesteckt und mit Gips überzogen, *c* nach Entfernen des Ton- oder Wachsmodells werden die Halbschalen aus Gips zusammengebunden und durch ein Eingußloch mit Gips ausgegossen, *d* Abmeißeln der verlorenen Form, *e* fertiges Gipsmodell
1 Metallplättchen, *2* Eingußloch

Modell Gips, Farbpulver, Schellack, Seife, Pottasche, stabilen, möglichst rostfreien Draht und dünne Blechstreifen.

Mit den dünnen Blechstreifen von etwa 4 cm Breite und unterschiedlicher Länge wird das Modell abgesteckt. Dies geschieht in Segmenten, und zwar in der Art und Weise, daß die Gipsschalen vom Modell nach dem Abbinden ohne Schwierigkeiten abgenommen werden können. So wäre es zum Beispiel nicht möglich, eine Kopfplastik mit Gips zu überstreichen und die Schale unbeschädigt wieder abzunehmen. Die verlorene Form für den Kopf muß also aus wenigstens zwei Teilen, vordere und hintere Kopfhälfte, bestehen. Ebenso verhält es sich mit dem gesamten Körper. So wird es bei einer Figur erforderlich sein, eine Längstrennung des Rumpfes und auch Unterteilungen von Armen, Beinen oder Gewändern vorzunehmen. Dabei ist immer darauf zu achten, daß sich die Gipsschalen ohne Schwierigkeiten vom Modell lösen lassen und daß nach dem Zusammensetzen der Gips beim Ausgießen in alle Hohlräume fließen kann.

Nach dem Abstecken wird ein nicht zu dicker Gipsbrei angerührt, und zwar mit Zugabe einfacher Pulverfarbe. Man streicht den farbigen Gipsbrei in einer etwa 5 mm dicken Schicht mit den Händen gleichmäßig auf das Modell, wobei beachtet werden muß, daß alle Details gut mit dem Gips ausgefüllt sind. Dies garantiert einen genauen Abguß. Nach dem Abbinden dieser Schicht wird eine Armierung aus Draht angelegt. Dazu werden kleine Gipskegel auf die Oberfläche gebracht, in die der Draht – oder bei größeren Modellen dünne Eisenstäbe –

eingelegt wird. Dabei ist der Draht entsprechend dem Formverlauf am Modell entlang zu biegen. Diese Versteifung dient der besseren Haltbarkeit der Form.

Anschließend wird das ganze Modell mit einer etwa 2...3 cm dicken Schicht weißen Gipses überzogen, wobei diese Gipsschicht nicht über die Blechstreifen hinausgehen darf. Nach etwa einer halben Stunde hat sich dieser Gips verfestigt und kann entfernt werden. Dabei drückt man mit einem stumpfen Meißel die Form an den abgesteckten Stellen vorsichtig und gleichmäßig rundherum auseinander. Die Form wird vom Modell abgelöst. Dabei beginnt man am besten an den hinteren Teilformen. Eine Beschädigung des Modells läßt sich oft nicht vermeiden, insbesondere bei Tonmodellen. Danach wird die Gipsform vorsichtig von allen Tonresten gesäubert und anschließend mit Pottaschewasser ausgewaschen. Damit erreicht man, daß sich die Form später vom Abguß besser trennen läßt. Weiterhin kann man die Schalen vor dem Zusammenfügen gleichmäßig einfetten. Sehr geeignet ist dazu verdünntes Stearin. Weiterhin ist es ebenso gebräuchlich, die Schalen mit Schellack zu isolieren und zu seifen. Dazu eignet sich in warmem Wasser gelöste Schmierseife. Zum Einstreichen wird ein weicher Pinsel verwendet, um ein Verwaschen der modellierten Form zu vermeiden.

Die einzelnen Teile der Form werden sehr sorgfältig wieder zusammengesetzt. Dabei sind sie, je nach Größe des Modells, mit Schnur oder Strick zusammenzubinden sowie Schalenfugen gewissenhaft mit Gips oder Wachs abzudichten, damit kein Gipsbrei nach außen laufen kann.

Nun beginnt das Ausgießen der Form. Dazu ist ein gutfließender Gipsbrei anzurühren und langsam in die Schalenhöhle zu gießen, bis diese völlig ausgefüllt ist. Zügig, aber nicht zu schnell gießen! Dabei die Form drehen und schütteln, damit der Gipsbrei in alle Fugen laufen kann. Größere Modelle, die nicht massiv ausgegossen werden, sind meist in 3 Etappen zu gießen, bis sich in der Form eine Gipsschicht von etwa 2...4 cm Dicke angesetzt hat.

Nach ungefähr 2 Stunden ist der Gips hart genug, um mit dem Abklopfen der Schale zu beginnen. Mit einem Meißel, der nicht scharf sein darf, um das Modell nicht zu beschädigen, und einem Bildhauerknüppel oder Holzschlägel wird die Gießform nun sehr vorsichtig abgeschlagen, deshalb «verlorene Form» genannt. Dabei entfernt man zuerst die weiße Schicht der Form, um danach sehr vorsichtig die gefärbte Gipsschicht abzutragen. Die Farbe hat eine Signalwirkung, die besagt, daß nur noch eine dünne Schicht bis zum Freilegen des Gusses entfernt werden muß. Nach Entfernen der Gießnaht, die dort entsteht, wo jeweils die Formhälften zusammengepreßt wurden, ist die Arbeit fertig ausgeführt.

Durch das gleichmäßige Weiß erscheint die Oberfläche des Gipsmodells oft zu fad und unbelebt. Um dies zu verändern, gibt es verschiedene Möglichkeiten zur Färbung der Oberfläche. Mit dem Begriff *Patina* ist im eigentlichen Sinne der grünliche Überzug aus kohlensaurem Kupfer auf kupfernen Flächen gemeint, im weiteren Sinne Edelrost. Mit dem *Patinieren von Gips* kann man ein anderes Material optisch imitieren. Einfache Verfahren sind das Einfärben mit Beizen oder Stoffarben. Diese sind in heißem Wasser aufzulösen und dann mit kaltem Wasser zu verdünnen, bis sie auf dem Gips einen zarten Farbton ergeben. An einem Stück Abfallgips, möglicherweise von der verlorenen Form, wird zunächst eine Probe aufgetragen. Ist die Gipsplastik nicht zu groß, kann sie dann in die Farbe getaucht werden. Anderenfalls eignet sich das Spritzverfahren, das Abtupfen durch einen mit der Farbe getränkten Schwamm oder auch das Einstreichen des Gipsmodells mit einem weichen Pinsel. Die farbintensiven Holzbeizen sind stark zu verdünnen.

Als eine solide Lösung ist das Patinieren mit Schellack anzusehen. Auch dabei können verschiedene Methoden angewendet werden. Die Schellack-Patina ist eine Lösung von Schellack und 96%igem vergälltem Alkohol (Äthanol). Da der Lösungsprozeß etwa 6...8 Tage dauert, sind die Mittel rechtzeitig anzusetzen. Nach dieser Zeit hat die Lösung eine klar braune Farbe und kann mit einem weichen Pinsel zügig auf den Gips aufgetragen werden. Dabei ist die Konsistenz lieber etwas dünner zu halten, damit die Schicht nicht nach kurzer Zeit abblättert. Schellack-Patina trocknet recht schnell, deshalb sollte gleichmäßig gearbeitet werden. Nach dem Trocknen kann durch Bürsten mit einer ebenfalls weichen Bürste eine mattglänzende Oberfläche erzielt werden, die die Wirkung des Gipsmodells noch unterstreicht.

Weiterhin ist es möglich, einen Grundanstrich mit einem dünnen, flüssigen Schellack aufzutragen. Dazu genügen 1 bis 2 Anstriche, bis der Gips keine Nässe mehr zieht. Nach diesem Grundanstrich erfolgt nun das Patinieren mit Hilfe von Pulverfarben, sogenannten Erdfarben. Diese werden vorher in kleinen Näpfchen zurechtgestellt oder auf einem Brettchen in kleinen Mengen aufgeschüttet. Mit einem feinen, in Schellack getränkten Pinsel wird Farbpulver aufgenommen und die Plastik damit abgetupft. Dadurch entsteht eine farblich differenzierte Oberfläche, die eine recht lebendige Wirkung zeigt. Auf den mit Schellack grundierten Gips ist auch ein Patinieren mit Hilfe von dünnem Leinöl und Ölfarben möglich. Dazu ist beim zweiten Grundanstrich ein nicht zu dunkler Grundton hineinzubringen. Geeignet ist rotes oder gelbes Ocker. Das Leinöl wird mit dunkelbrauner Ölfarbe abgetönt und damit die Figur gestrichen. Anschließend kann man mit Lappen, Schwamm oder Leder die erhöhten Formen der Figur abtupfen. Die Vertiefungen bleiben dabei dunkler, und es ergibt sich ebenfalls eine recht plastische Wirkung. Dunkel- bis hellrötliche Farben eignen sich zum Anlegen von Bronzen, mit grünlichen Nuancen wird oxydiertes Kupfer, mit matten Grautönen Stein imitiert.

6. Schnitzen

Aus den vorangegangenen Abschnitten ist deutlich zu ersehen, daß es einer Vielzahl von Voraussetzungen und Vorarbeiten sowie Kenntnissen bedarf, ehe man mit dem eigentlichen Vorgang des Holzschnitzens beginnen kann. Auch bei den kleinsten Arbeiten ist gutes trokkenes Holz erforderlich, ein Schnitzmesser und fast immer eine Zeichnung. Wenn man die Auswahl des Holzes getroffen hat und das notwendige Grundmaß zugeschnitten ist, beginnt das Spanabheben mit Schnitzmesser und Bildhauereisen. Dieser Prozeß erfordert natürlich den größten Zeitaufwand in der gesamten Herstellung einer Schnitzarbeit und bedarf der meisten Übung zur Erlangung einer künstlerisch und handwerklich guten Qualität.

Das Instandsetzen der Werkzeuge und die Vorbereitung des Holzes sind für jedermann mit etwas Fleiß und Ausdauer erlernbar. Zum Schnitzen gehört natürlich ebenfalls Interesse und Fleiß. Aber dies allein reicht nicht aus. Eine gut gestaltete Schnitzarbeit verlangt wesentlich intensivere «Kopfarbeit» als Arbeit mit der Hand. Immer wieder Abstand zur Arbeit zu nehmen, zu überlegen, zu korrigieren, zu kontrollieren, das sind die Voraussetzungen für den Erfolg beim Schnitzen. Will man dabei Überdurchschnittliches leisten, sind Talent, Formgefühl und Ausdauer erforderlich. Es stellt sich daher nicht schnell ein Erfolgserlebnis ein, das als weiterer Ansporn ja gerade für den Anfänger wichtig ist. Wer aber mit Energie weiterarbeitet, auch gelegentlich Mißerfolge überwindet und immer weiter hinzulernt und verbessert, der wird das Schnitzen nicht mehr aufgeben wollen, sich selbst und anderen zur Freude.

Ein erfahrener Gestalter mit Ideenreichtum, fundierten Kenntnissen und handwerklich sauberer, gefühlvoller Arbeitsweise bringt es oftmals zu beachtlichen künstlerischen Leistungen und der damit verbundenen Anerkennung.

6.1. **Figürliche Arbeiten**

6.1.1. Zuschnitt

Abgesehen von Säulenschnitzereien aus dem Baumstamm, die nur ein abgelängtes geschältes Stammstück erfordern, liegt für das Verarbeiten ein Holzblock, ein Stück Pfosten oder Brett nach der notwendigen Aufbereitung bereit. Auf diesen wird der *Umriß* des Entwurfs aufgezeichnet. Man verwendet dazu Kohlepapier oder schneidet den Entwurf bzw. die Werkskizze aus und zeichnet an den Rändern entlang den Umriß der Figur auf das Holz. Als Regel gilt dabei, daß bei figürlichen Plastiken die längere Seite der Vorlage in Richtung der Maserung verläuft. Ausnahmen bilden dabei jedoch Tierplastiken von Vierbeinern.

Details werden auf das Holz nicht übertragen, denn beim Schneiden ist nur der grobe Umriß von Bedeutung. Bei plastischen Einzelstücken empfiehlt es sich, nun bereits mit dem Schnitzwerkzeug am Block zu arbeiten. Dies läßt einen weitgehenden Überblick bei der Gestaltung zu und erlaubt anfangs recht großzügige Korrekturmöglichkeiten. Um jedoch den Arbeitsprozeß zu beschleunigen, ist es bei vielen Gestaltern üblich, größere Verschnittflächen auszuschneiden. Das lohnt sich besonders bei Serienarbeiten, wo man schon Erfahrungen mit einer bestimmten Form hat. Trotzdem sollte man beim Ausschneiden immer etwas mehr Randholz stehen lassen, als unbedingt nötig, um noch Korrekturen zu ermöglichen. Am besten läßt sich das Ausschneiden mit der Bandsäge (Bild 71) oder bei kleineren Arbeiten mit der Stichsäge realisieren. Verschnittstücke sollte man aufheben, um daran eventuell Schnittproben oder Proben zur Oberflächenbearbeitung vornehmen zu können.

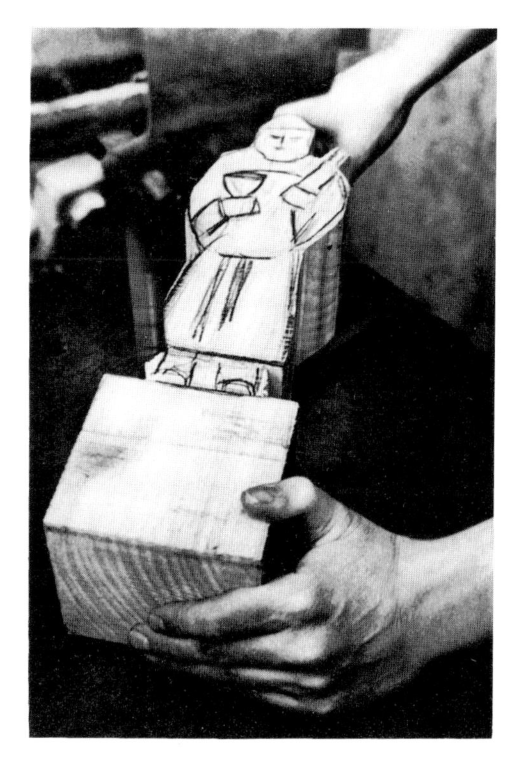

Bild 71. Ausschneiden mit der Bandsäge

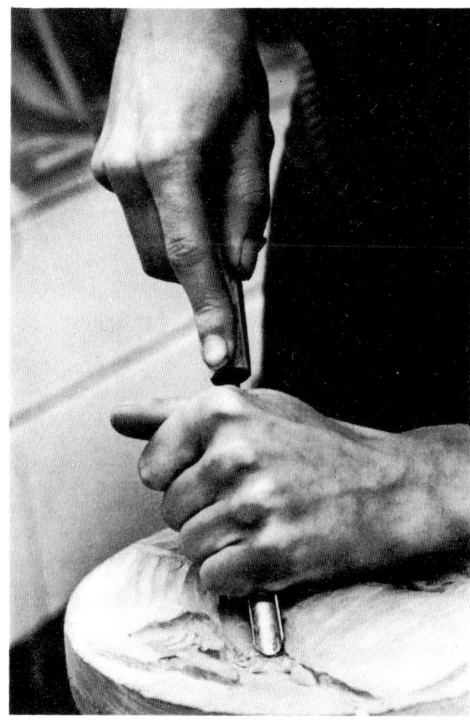

Bild 72. Anlegen eines Reliefs mit dem Bohrer

6.1.2. *Anlage*

Als Anlage und Anlegen bezeichnet man das *Vorschnitzen* einer Holzarbeit. Dabei werden größere Eisen benutzt und alle Flächen und Zusammenhänge in gröberer Form geschnitten. Bereits in dieser Phase entscheidet es sich, ob man im Holz das verwirklichen kann, was Zeichnung und Modell vorsehen, denn grobe Fehler im Anlegen sind nicht mehr zu beseitigen. Was am Holz fehlt, kann nicht wieder angeklebt werden. Ganz gleich, wie groß eine Arbeit ist, es empfiehlt sich in den meisten Fällen, mit Hilfe eines Bohrers oder Hohleisens das Holz für die Schnitzarbeit vorzubereiten. Dabei spannt man das Werkstück normalerweise in die Bildhauer- oder Hobelbank, wenn es größer als 10...15 cm ist, ein. Ist diese nicht vorhanden, kann das Werkstück mittels Schraubzwingen auf einem Tisch oder einer Arbeitsplatte befestigt werden.

Von der Hauptansicht aus Schnitt an Schnitt legend, wird das Vorder- und Seitenprofil herausgearbeitet. Dabei wird bei eingespanntem Werkstück das Eisen mit einer Hand geführt, mit der anderen Hand der Druck ausgeübt (Bild 72) oder mit dem Bildhauerknüppel geschlagen.

Wird «in der Hand» gearbeitet, muß auf das richtige Festhalten des Eisens geachtet werden, um Schnittverletzungen vorzubeugen. Man hält das Eisen stets so kurz, daß man die Hand für die benötigte Schnittlänge beweglich hält und der Handballen an das Werkstück stößt, wodurch der Weiterschnitt unmöglich wird. Es besteht daher keine Gefahr, sich mit dem Eisen in die das Werkstück haltende Hand zu schneiden (Bild 73). Bei der Anlage schneidet man hauptsächlich quer zur Maserungsrichtung, um so eine gute Kontrolle über die Form zu haben. Längsschnitte verziehen leicht und führen schnell zu falschen Schnitten oder unbeabsichtigtem Abspalten des Holzes.

Zu Beginn schneidet man erst einmal die großen Formen sowie deren Verbindungsstücke. Alle diese Formen sind verstärkt stehenzulassen, um noch Korrekturen zu ermöglichen. Bei Plastiken wird, nach Vorder- und Seitenansicht, die Rückseite angelegt. Wenn man nämlich Holz versehentlich abspaltet oder unerwartet verwachsene Äste zum Vorschein kommen, bleibt oft nur die Möglichkeit, durch das Drücken der Front nach hinten die Arbeit noch zu

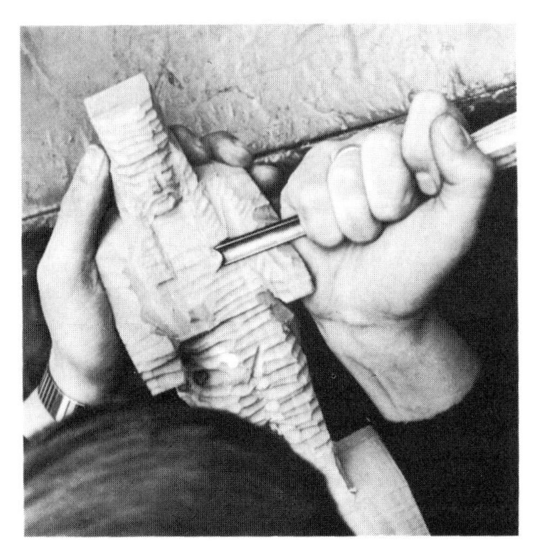

a)

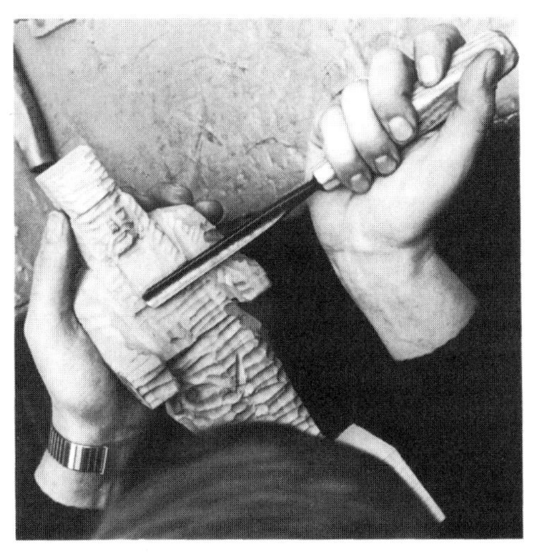

b)

Bild 73. Richtige Haltung des Eisens beim Anlegen in der Hand *a*, falsche Eisenhaltung *b*

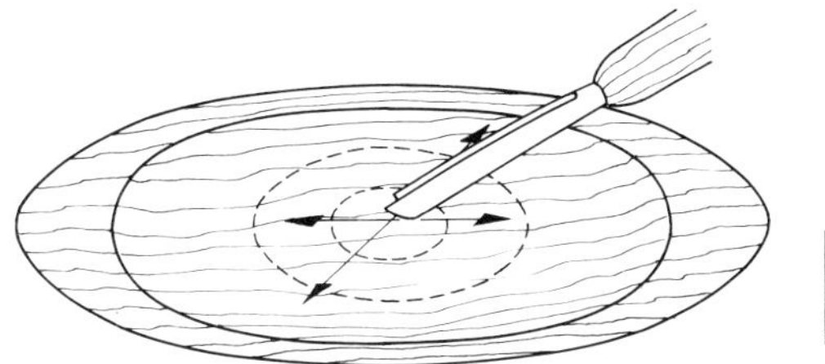

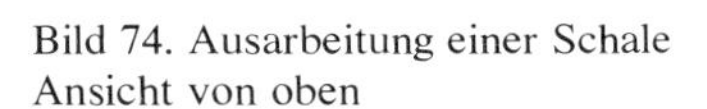

Bild 74. Ausarbeitung einer Schale
Ansicht von oben

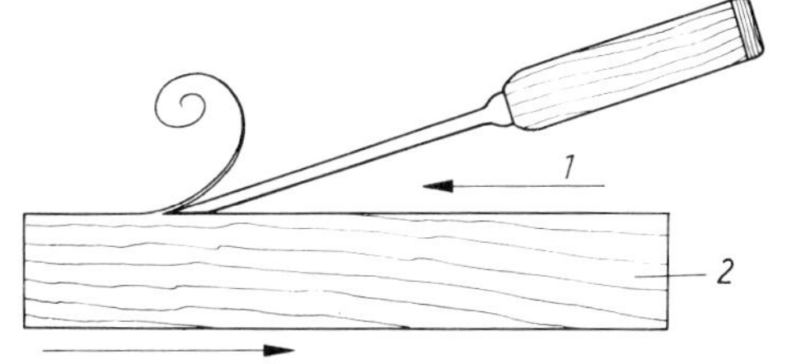

Bild 75. Richtige Schnittrichtung
1 Schnittrichtung, *2* Holzmaserung

retten. Bereits während der Anlage ist die Form so oft wie möglich zu kontrollieren, d. h. auf Abstand gehen, mit Zeichnung und Modell vergleichen und stets das Ganze im Auge behalten.

Ebenso wie bei Plastiken ist das Anlegen bei Reliefs und Gebrauchsgegenständen durchzuführen. Der Bohrer bleibt auch da das wichtigste Werkzeug. Die Anlage beim Relief vollzieht sich in der Schnittechnik wie bei der Plastik. Allerdings ist hier das Übertragen der Zeichnung vom Papier auf das Holz schon detailgetreuer vorzunehmen, um sich einen guten Überblick über die abzutragenden Schichten zu verschaffen. Ein Nachzeichnen auf eine durch das Schnitzen bereits tiefer gedrückte Schicht kann oft nützlich sein. Mit der Anlage wird von einem markanten, am weitesten vorstehenden Punkt aus begonnen.

Beim Schnitzen von Schalen ist das Aushöhlen von der Mitte her zu beginnen und die Aushöhlung zu den Rändern und in die Tiefe gehend zu erweitern, bis die notwendige Menge Holz abgetragen ist (Bild 74). Dabei muß oft die Dicke kontrolliert werden, damit Ränder und Boden nicht zu dünn werden.

Nach der groben Anlage werden die Formen untereinander in ihren Richtungen und Zusammenhängen herausgearbeitet und Unterschneidungen durchgeführt. Schmalflächen und Rundungen sind präziser festzulegen und zu differenzieren. Hierfür sind wiederum entsprechend der Größe ausgewählte Bohrer die zu verwendenden Werkzeuge. Mit ihnen kann man das Holz, Schnitt an Schnitt legend, mit dem Eisen durchmodellieren; eine sehr reizvolle Phase des Schnittvorganges. Hierbei nimmt die Arbeit schon recht konkrete Formen an. Dabei kann in Maserungsrichtung geschnitten werden (Bild 75). Das Holz reißt beim Schneiden gegen die Maserungsrichtung ein, und es ergibt sich ein unsauberer Schnitt. Durch den Widerstand, den das Holz dem Werkzeug entgegensetzt, verbietet sich diese «Schnittechnik» meist von selbst.

6.1.3. Sauberschneiden

Ist die Arbeit fertig angelegt, so beginnt man mit dem Sauberschneiden. Sollte es aus Gründen der Stabilität beim kraftvollen Anlegen, zumindest bei der Grobanlage, nicht möglich gewesen sein, eine größere Figur mit Hilfe der Figurenschraube auf dem Schnitzwinkel zu bearbeiten, so ist es beim Sauberschneiden sehr vorteilhaft, dieses Hilfsmittel zu verwenden.

Das Sauberschneiden wird bei figürlichen Arbeiten vom Kopf bzw. Gesicht aus begonnen (Bild 76). Von oben nach unten schält sich die Arbeit aus dem Holz.

Beim Sauberschneiden, besonders natürlich bei Arbeiten, die sehr detailgetreu ausgeführt werden sollen, ist eine ruhige Hand Bedingung. Bevor jedoch das Sauberschneiden beginnen kann, ist es notwendig, auf Reinlichkeit zu achten, da die nun erzielte Oberfläche fertig bearbeitet wird. Das Werkzeug muß fettfrei sein, die Hände des Gestalters gewaschen. Bei größeren, langwierigen Arbeiten empfiehlt es sich, ein sauberes Tuch über den bereits fertigen

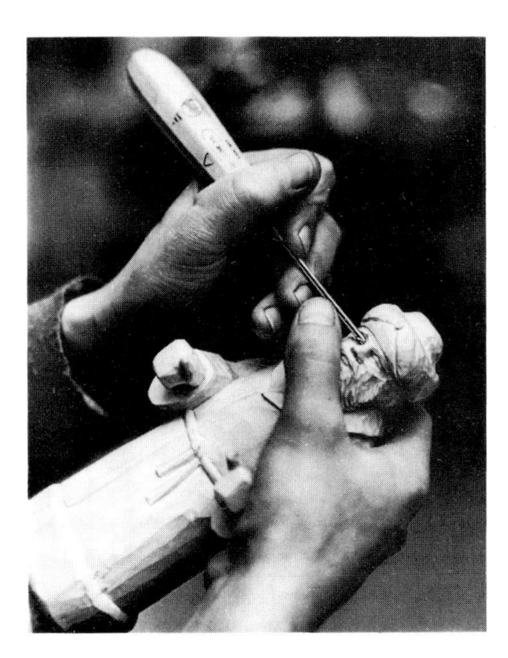

Bild 76. Sauberschneiden, beginnend am Gesicht

Teil der Arbeit zu legen, um so die Schnitzarbeit vor Verschmutzungen oder Beschädigungen zu schützen.

Der Begriff Sauberschneiden ist in jeder Hinsicht wörtlich zu nehmen. Als eine unsaubere Arbeit ist nicht nur ein Stück anzusehen, das Verschmutzungen an der Oberfläche aufweist. Es gibt auch immer wieder Gestalter, die an Schmalflächen und Einschnitten sogenannte Fransen (Juten) stehen lassen, teils aus Oberflächlichkeit, oft jedoch aus mangelnder handwerklicher Fertigkeit. Auch unsauber geschnittene Flächen, auf denen Spuren von Werkzeugscharten zu sehen sind oder aus deren Oberfläche Holzfasern beim Schneiden herausgerissen wurden, sind als Qualitätsmängel an Schnitzarbeiten anzusehen.

Eine gelegentlich noch anzutreffende Unsitte ist es, wenn versucht wird, diese Mängel stellenweise mit Schleifmitteln zu beseitigen. Eine so «ausgebesserte» Oberfläche wirkt unschön und verdirbt den Gesamteindruck einer Arbeit.

Das Schnitzwerk wird entweder durchweg saubergeschnitten oder nach dem Sauberschneiden noch saubergeschliffen. Dieses Durchschleifen einer Holzarbeit muß jedoch von vornherein beim Entwurf mit geplant sein, denn bei dieser Arbeit sind dann in der schnitzerischen Gestaltung besondere Gesetzmäßigkeiten zu beachten, wie zum Beispiel der Verzicht auf Details und das Vermeiden zu starker Überschneidungen (Bilder 77, 78).

Neben der Anwendung dieser Grundregeln ist es bei der Gestaltung von Reliefs wichtig, darauf zu achten, daß der Reliefgrund überall eine gleichmäßige Tiefe aufweist. Konnte man sich während des Anlegens noch auf das Augenmaß verlassen, so sollte man sich beim Sauberschneiden eines Hilfsmittels bedienen.

Man kann durch eine Leiste eine oder mehrere Schrauben anbringen und diese, von einer einheitlich hohen Auflage ausgehend, auf die Tiefe einstellen. Hat das Relief einen gleichmäßigen erhabenen Rand, wird die Leiste dort aufgelegt und entlang geführt. Andernfalls müssen dicke Leisten am Reliefrand befestigt werden, die eine gleichmäßige Auflagefläche bilden (Bild 79). Durch Verschieben der Schraubenleiste über die gesamte Fläche kann der Grund an allen Stellen abgetastet werden und ist nun leicht zu korrigieren.

Reliefartig gestaltet sind auch die in Holz gearbeiteten Schriften. Diese können graviert, das

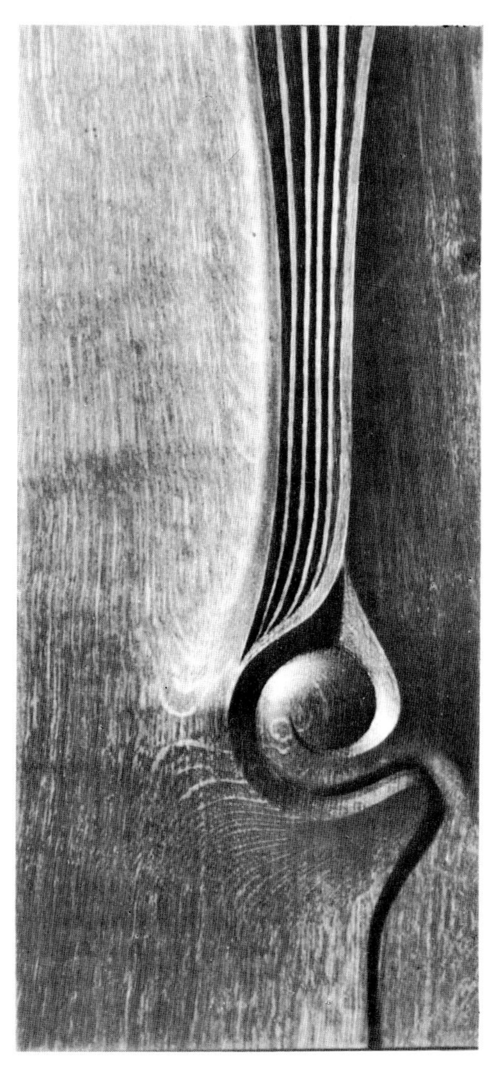

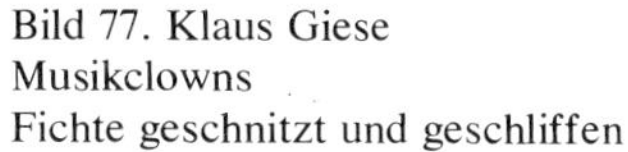

Bild 77. Klaus Giese
Musikclowns
Fichte geschnitzt und geschliffen

Bild 78. Dietmar Lang
Der Klang
Eiche geschnitzt und geschliffen

heißt hohl- oder kerbschnittartig in die Oberfläche geschnitten sein oder erhaben geschnitzt werden, wobei der Grund zurücktritt und die Buchstaben dadurch sichtbar unterstützt werden (Bilder 80, 82). Eine Schrift wird so angelegt und saubergeschnitten, wie sie gelesen wird, von links oben nach rechts unten. Auch bei einer Schriftgestaltung, und sei es nur bei einer relativ einfachen Gravur, sind Lesbarkeit und Exaktheit in der Ausführung äußerst wichtig. Standardisierte Schriften müssen gleichmäßig in Dicke und Tiefe sein.

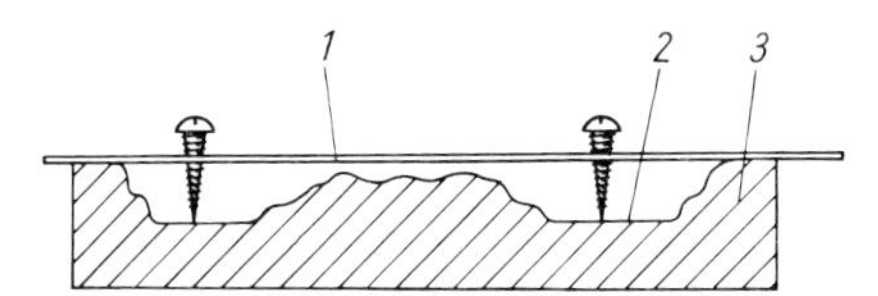

Bild 79. Leiste mit Schrauben zur Kontrolle der Tiefe des Reliefgrundes
1 Leiste mit Schrauben, *2* Reliefgrund, *3* Relief im Schnitt

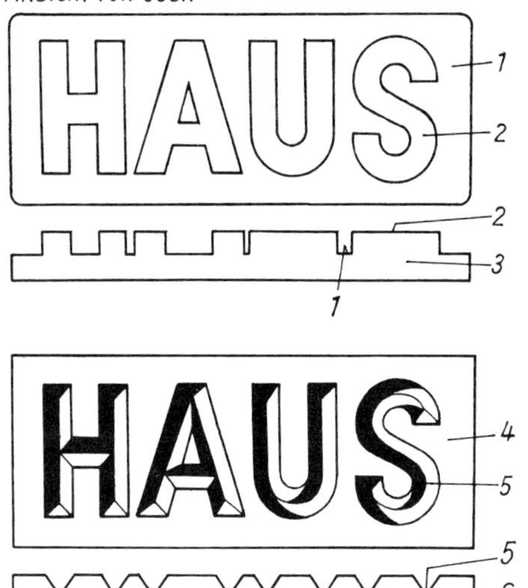

Bild 80. Erhabene und gravierte Schrift
1 Schriftgrund, *2* erhabene Buchstaben, *3* Schnitt, *4* glatte Oberfläche, *5* eingravierte Schrift, *6* Schnitt

Bild 81. Paul Schneider
Werdegang einer Figur
Linde
a Aufzeichnen des Entwurfs, *b* Anlage aus dem Block, *c* Schnitzen der Figur, *d* Sauberschneiden

a)

b)

Bild 82. Relief in einfacher, erhabener Schrift
(Ausschnitt)
Eiche

Eine gute Schrift muß im Holz «stehen». Dies trifft ebenfalls für Schriften zu, die reliefartig mit figürlichen oder ornamentalen Darstellungen kombiniert sind (Bild 83).

Wichtig ist bei jeder Arbeit, sich genügend Zeit zu nehmen. Nur dann stellt sich ein Erfolg ein. Oberflächlichkeit zahlt sich nicht aus. Wer aber exakt arbeitet, wird immer viel Freude an den Ergebnissen seiner schöpferischen Arbeit haben. Aus Bild 81a bis d ist der Werdegang einer Figur in 4 Phasen noch einmal ersichtlich. Dabei ist auf dem Holzblock der Bergmann in 2 Ansichten dargestellt, um so die Lage der Figur im Holz sichtbar zu machen. Es reicht jedoch bei der praktischen Arbeit, zunächst nur den Umriß einer Ansicht aufzuzeichnen und herauszuarbeiten.

c)

d)

Bild 83. Bertram Böttger
Relief mit Schrift
Nußbaum

6.2. Kerbschnitt

Der Kerbschnitt stellt insofern eine Abweichung von der bisher beschriebenen Schnitztechnik dar, weil sein Werdegang nicht so kompliziert ist. Mit Hilfe der Kerbschnittechnik werden dekorative Elemente in eine Oberfläche eingekerbt. Der Kerbschnitt kann an einer figürlichen Arbeit als reines Relief oder an Gebrauchsgegenständen als Verzierung erscheinen. Die

Bild 84. Heinz Heger
Ausstrahlend
Kerbschnittrelief

Wirkung wird dabei hauptsächlich durch den Licht-Schatten-Effekt erzielt. Wenn Geißfuß, Bohrer, Grateisen die richtigen Maße aufweisen und der Schnitt sauber geführt wurde, ist für die Erlangung des Kerbschnitteffektes nur einmaliges Schneiden erforderlich. Reicht dies nicht aus, so erfolgt ein Nachschneiden mit dem Balleisen, schrägem Balleisen oder einem passenden Formeisen (Bild 84).

6.3. Aufsatzschnitzerei

Bei besonderen reliefartigen Arbeiten ist es durch ihre kleinen oder auch extrem großen Maße nicht möglich, sie in die Bildhauerbank einzuspannen, weil dabei durch den Druck Schäden entstehen können oder ein allseitiges Schnitzen nicht möglich wäre. Das Schnitzen in der Hand ist zu aufwendig oder gar unmöglich. Mit diesen Schwierigkeiten muß man zum Beispiel bei Verzierungen für Möbel, Buchstaben, Monogramme oder Schriftzüge, Gitter oder Maßwerk rechnen. In diesen Fällen wird das benötigte Holz glattgehobelt oder zumindest die Rückseite plangeschliffen, die Umrisse der Schnitzarbeit aufgezeichnet und mit der Band- oder Dekupiersäge ausgeschnitten. Durchbrüche werden innerhalb des Umrisses aufgebohrt. Danach beschafft man sich ein ausreichend großes, ebenfalls plangehobeltes Brett als Unterlage. Durch dieses Brett werden von unten Nägel und Stifte passend geschlagen, so daß man den ausgeschnittenen Rohling auf die minimal aus der Oberfläche hervorstehenden Nägel befestigen kann. Eine weitere gebräuchliche und praktische Art der Befestigung ist es, sparsam Leim punktweise auf die Rückseite des Rohlings zu geben und diesen damit auf die vorbereitete Unterlage zu kleben. Nun kann die Unterlage in die Bildhauerbank eingespannt und die Arbeit fertiggeschnitzt werden. Nach Fertigstellung wird die Schnitzarbeit mit einem Balleisen, von den stabilsten Punkten ausgehend, vorsichtig von der Platte abgehoben und die Leimrückstände auf der Rückseite abgeschliffen.

6.4. Arbeit mit Zirkel und Punktiermaschine

Zur Kopierung eines Modells werden zwar Zeichnungen und Modelle angefertigt, die endgültige Gestaltung obliegt jedoch dem geübten Gestalter, der nach seinen Vorstellungen mehr oder weniger frei die markanten Einzelheiten überträgt und verschiedenste Versuche anstellt, um die interessanteste und beste Kopie zu gestalten, die über das Wesentliche Auskunft gibt. Anders verhält es sich, wenn ein Modell genauestens kopiert werden soll. Dies kann sowohl über ein Ton-, Gips- oder Plastilinmodell geschehen oder über eine bereits fertige Arbeit und gehört ganz in den Bereich der Bildhauerei. Solche exakten Kopien sind bei Restaurationsarbeiten gefragt.

Sollten *Zirkel* als Kopierhilfsmittel eingesetzt werden, ist von Grund- und Fluchtpunkten des Modells auszugehen. Modell und Rohling stehen auf Grundplatten, an denen die sogenannten Grundpunkte fest markiert sind. Von diesen ausgehend, werden mit 3 oder 4 verstellbaren Zirkeln die endgültigen Punkte am Schnitzwerk bestimmt. Dieses Verfahren ist recht schwierig, hat jedoch den Vorteil, daß durch ein Verstellen der Zirkelradien der Maßstab für die zu fertigende Arbeit vergrößert oder verkleinert werden kann (Bild 85). Einfacher und sicherer zu handhaben ist die *Punktiermaschine.* Das Modell steht auf einer Grundplatte vor einem Holzgerüst (Kreuz). Zwei Punkte an der Platte und einer am Gerüst werden mit Schrauben versehen. In die Mitte der Schraubenköpfe ist vorher ein Loch zu bohren. In diese Löcher wird die Punktiermaschine gesetzt. Das vorbereitete Holzstück, aus dem die zu fertigende Arbeit entstehen soll, wird auf ein gleiches Holzgerüst mit den an gleicher Stelle eingelassenen Fi-

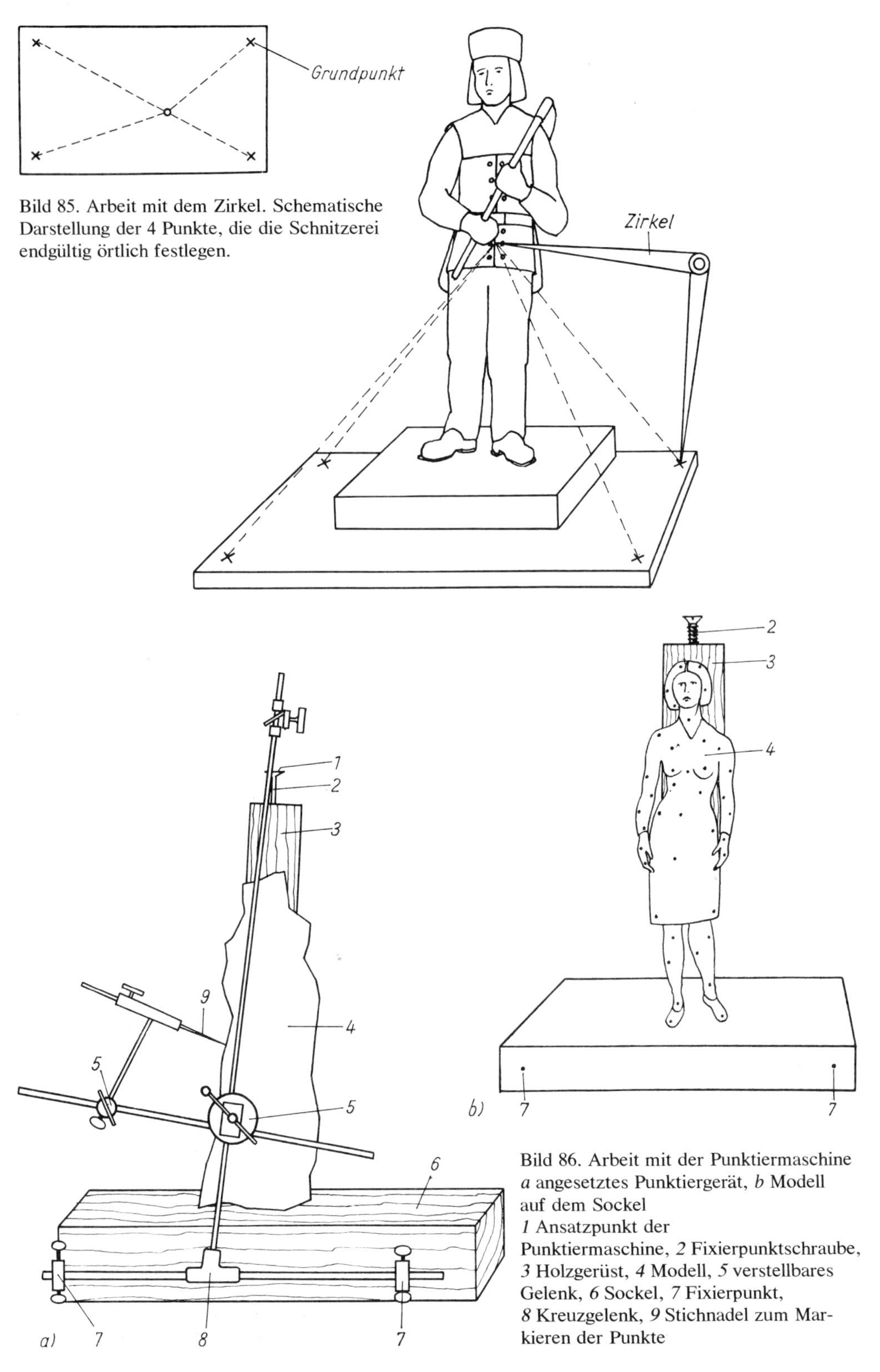

Bild 85. Arbeit mit dem Zirkel. Schematische Darstellung der 4 Punkte, die die Schnitzerei endgültig örtlich festlegen.

Bild 86. Arbeit mit der Punktiermaschine
a angesetztes Punktiergerät, *b* Modell auf dem Sockel
1 Ansatzpunkt der Punktiermaschine, *2* Fixierpunktschraube, *3* Holzgerüst, *4* Modell, *5* verstellbares Gelenk, *6* Sockel, *7* Fixierpunkt, *8* Kreuzgelenk, *9* Stichnadel zum Markieren der Punkte

xierschrauben aufgestellt. An einem hochliegenden Punkt des Modells wird nun die Fixiernadel der Punktiermaschine eingestellt. Dann setzt man die Maschine auf das andere Gerüst. Dort wird der Punkt markiert (Bild 86a, b). So wird mit einem ständigen Wechsel des Standortes der Punktiermaschine Punkt für Punkt vom Original an das «Modell» übertragen. Exaktes Arbeiten ist dabei erforderlich, um im Resultat auch eine «echte» Kopie zu erhalten, die dem Original gleicht. Neben diesem Prinzip des Punktierkreuzes gibt es das der Prisma-Punktiermaschine, die ein einfacheres Arbeiten ermöglicht, da das Kreuz entfällt. Um jedoch alle diese Verfahren zu erlernen, bedarf es der Anleitung eines erfahrenen Bildhauers und einiger praktischer Übungen.

7. Oberflächenbearbeitung

Die Rolle der Oberflächenbearbeitung ist bei Schnitzarbeiten in ihrer Bedeutung ebenso differenziert wie die Vielfalt der Möglichkeiten holzgestaltender Tätigkeiten. Die Oberflächenbehandlung führt zum Schutz des Holzes vor äußeren Einflüssen, wie Schmutz oder Wasser, und hat einen wesentlichen Anteil an der Gesamtgestaltung eines Werkes, wie es sich beim Bemalen zeigt. Die optimalen Mittel und Techniken jeweils gezielt anzuwenden und dadurch einer Schnitzarbeit den letzten Schliff zu geben will ebenso gelernt sein wie das Schnitzen selbst. Nur allzuschnell kann durch falsche Anwendung einer Farbe, einer Beize, eines Lackes oder besonderer Chemikalien eine Oberfläche und damit der Wert der Arbeit und die Freude an einer gelungenen Schnitzerei verdorben werden. Deshalb muß auch diesen Arbeitsgängen gebührend Aufmerksamkeit geschenkt werden. So sollte man stets erst mit Abfallstücken des Holzes einer fertigen Arbeit experimentieren, auch dann, wenn die Technik schon oft angewendet wurde. Zu beachten ist generell, daß nur harz-, fett- und leimfreies Holz oberflächenveredelt werden kann. In den nachfolgenden Abschnitten sind die für Schnitzer und Holzbildhauer wichtigsten Hinweise zur Oberflächenbehandlung des Holzes zusammengefaßt.

7.1. Schleifen und Wässern

Auf das Schleifen wurde bereits im vorangegangenen Abschnitt im Zusammenhang mit der Gestaltung figürlicher Arbeiten kurz eingegangen. Das Schleifen wird jedoch hauptsächlich bei dekorativen und allegorischen Arbeiten angewandt. Mit Schleifmitteln unterschiedlichster Feinheitsgrade werden Oberflächen geglättet und veredelt. Für das Glätten größerer Flächen verwendet man Schleifklötze, die aus Kork bestehen sollten, damit die Auflagefläche für das Schleifmittel nicht zu hart ist. Auch Holzklötze sind geeignet, wenn sie vorher an der Auflagefläche mit Filz überzogen wurden. Neben dem Rechteckschleifklotz kann man sich Profilschleifklötzer fertigen, die der Arbeit angepaßt sind, so zum Beispiel für das Ausschleifen von Schalen.

Beim Schleifen empfiehlt es sich, in Maserungsrichtung zu arbeiten. Tiefere Schleifrillen sind zu vermeiden. Bei grobjährigen Hölzern ist darauf zu achten, daß sich nicht durch bereits abgestumpfte Schleifmittel die Frühholzzonen schneller abschleifen als die härteren Spätholzzonen, da sonst die Oberfläche wellig wird.

Meist wird mit gröberen Schleifmitteln begonnen, wobei für deren Verwendung die Holzart ausschlaggebend ist. In weichen und feinen Hölzern verursachen zu grobe Schleifmittel tiefe Spuren, die kaum oder nur sehr mühsam zu entfernen sind. Mit feineren Körnungen erfolgt die Weiterverarbeitung. Soll nun eine Weiterbehandlung durch Beizen, Lackieren oder Färben erfolgen, ist es bei Hölzern, deren Fasern sich bei Feuchtigkeitseinwirkung besonders stark aufrichten und die Oberfläche dadurch aufrauhen, notwendig, vorher zu wässern. Unter Wässern versteht man nicht das Einlegen des Holzes in Wasser, sondern das Befeuchten des Holzes. Dies kann einmal oder mehrmals erfolgen. Zum Wässern empfiehlt sich lauwarmes Wasser, das mit einem nicht zu feuchten Schwamm gleichmäßig aufgetragen wird. Vor der Weiterverarbeitung muß die Oberfläche natürlich wieder trocken sein. Nach dem Wässern ist die Oberfläche nochmals mit dem jeweils feinsten Schleifmittel zu glätten.

7.2. Bemalen

Das Bemalen ist eine Technik der Oberflächengestaltung, durch die ein wesentlicher Einfluß auf den Gesamteindruck der Arbeit genommen wird.

Besteht die Notwendigkeit, eine Technik des Mittelalters – Holz mit Mineral- und Erdfarben zu bemalen – anzuwenden, sollte man sich an Restauratoren wenden. Diese Technik wird heute kaum noch angewendet. Eine spezielle Ausbildung ist dafür Voraussetzung. Ein materialgerechtes Bemalen setzt nicht nur Kenntnisse der chemischen und physikalischen Eigenschaften der Malmittel voraus, sondern es bedarf auch des Wissens um die Grundregeln der Farbgestaltung. Deshalb sei empfohlen, sich eingehend mit der diesbezüglichen Fachliteratur zu beschäftigen. Man muß immer davon ausgehen, daß man Holz bemalt und die natürliche Schönheit dieses Materials zu berücksichtigen ist. Dies setzt ein besonderes Feingefühl voraus.

Es besteht die Möglichkeit, das Holz so zu bemalen, daß die Maserung durchscheint. Hierzu eignen sich Öl- oder Temperalasuren. Diese werden den Anforderungen entsprechend verdünnt aufgetragen. Tempera bleibt nach Auftrag vorteilhaft matt.

Anstrichmittel sind erst in Faserrichtung aufzutragen und dann quer dazu zu ergänzen. Ist ein Flecken- und streifenfreier Anstrich erreicht, sollte zuletzt nochmals in Faserrichtung gearbeitet werden.

Ölanstrichstoffe trägt man von dünn nach dick, von mager nach fett auf. Eine besondere Schattenwirkung wird erzielt, wenn man nach Aufbringen der farbigen Öllasur die Vertiefungen beläßt und mit einem weichen Lappen oder Schwamm über die erhöhten Stellen und Flächen wischt.

Man kann auch das Holz mit Deckfarbe bemalen. Dies ist vor allem bei Hölzern mit geringen

Bild 87. Gustav Rössel
Postkutsche (1938)
geschnitzt und bemalt

Bild 88. Haustür des ehemaligen Minetschen Hotels Schwerin, Puschkinstraße

strukturellen Ausdruckswerten, wie z. B. Linde, Kastanie, Weide oder Ahorn, empfehlenswert oder dann, wenn das Holz fleckig ist oder Ästchen aufweist. Hierzu sind Tempera- und Latexfarben (Bild 87) geeignet. Man kann diese Farben nach Trocknen härten und die Oberfläche dadurch schützen, indem man sie mit einer dünnen Schicht Mattine oder mit 3%iger Formalinlösung überspritzt.

Für Arbeiten, die im Freien aufgestellt werden sollen und die damit der Witterung ausgesetzt sind, hat sich ein mehrfacher Voranstrich mit Mennige als Holzschutzmittel bewährt. Wurde das Holz bemalt, empfiehlt sich ein Oberflächenüberzug aus Boots- oder Nitrolack. Auch Halböl hat sich besonders für matte Oberflächen gut bewährt (Bild 88). Es muß aber in regelmäßigen Abständen (etwa ein- bis zweimal im Jahr) nachgestrichen werden.

7.3. Färben und Beizen

Beide Verfahren sind sehr genau zu unterscheiden. Beim Färben handelt es sich um einen physikalischen Vorgang, das Beizen hingegen ruft auf chemischer Basis eine Veränderung der

Farbe auf der Holzoberfläche hervor. Die handelsüblichen *Beizen* sind Färbemittel, die einfach zu bereiten sind. Sie werden verwendet, um fleckigem Holz einen einheitlichen Grundton zu geben oder eine dekorativ wirkende kräftige Farbe zu erhalten, die die Holzstruktur mitunter noch stärker hervorbringt. Das Auftragen der Beize auf Schnitzarbeiten erfolgt durch Lappen oder Pinsel. Damit die Färbemittel gut und gleichmäßig von der Oberfläche aufgenommen werden, sollte man etwa 5 % Salmiakgeist hinzugeben. Auch Spirituszusatz hat sich bewährt. Bei diesem Färbevorgang nehmen die Frühholzzonen, die saugfähiger sind, mehr Farbstoff auf als die härteren Spätholzzonen. Dadurch entsteht ein – bei Nadelhölzern besonders auffälliges – negatives Farbbild.

Neben den genannten Wasserbeizen werden im Handel flüssige Spiritus- und Wachsbeizen angeboten. Bei deren Anwendung sind die Hinweise der Hersteller genau zu beachten.

Komplizierter, aber auch weitaus wirkungsvoller ist die Verwendung von Metallsalzbeizen. Ihre Anwendung erfordert Kenntnisse über die verwendeten Chemikalien, deren Wirkung sowie einige Experimente, um sich über die Wirkungsweise dieser Beizen ein genaues Bild machen zu können. Metallsalzbeizen bringen eine Farbveränderung der Holzoberfläche durch die Verbindung des Farbstoffes mit Holzinhaltsstoffen oder vorher imprägnierten Stoffen (Vorbeize, z. B. Tannin), die lichtbeständig sind und ein positives Maserungsbild hervorbringen.

Zunächst ist die Vorbeize aufzutragen, wobei Gummihandschuhe zu tragen sind. Da die Vorbeizen meist farblos sind, ist das Werkstück gegen das Licht zu halten und genau zu kontrollieren, ob das Holz überall satt mit Beize bestrichen wurde. Das Holz ist unter natürlichen Bedingungen trocknen zu lassen. Beim Beizen sollte darauf geachtet werden, daß Ansatzgefäße und Pinsel keine Metallteile enthalten, denn dies könnte schon zu unerwünschten Farbänderungen führen. Durch die Verbindung von verschiedenen Gerbsäuren mit Metallsalzlösungen erhält man folgende Beizfarbtöne [6].

Vorbeizen	*Metallsalzlösungen*	*Farbtöne*
Tannin	Chromsalze	gelblichbraun
Tannin	Eisensalze	bläulich bis graubraun
Pyrogallussäure	Kupfersalze	olivbraun
Pyrogallussäure	Eisensalze	dunkelbraun
Pyrogallussäure	Nickelsalze	braun
Pyrogallussäure	Chromsalze	gelbbraun
Katechu	Chromsalze	rotbraun
Katechu	Kupfersalze	olivbraun
Brenzkatechin	Eisensalze	grau und schwarz
Brenzkatechin	Kupfersalze	dunkelgrau

Sind Vorbeize und Metallsalzlösung noch in kristallinem Zustand, werden in Glasgefäßen gesättigte Lösungen angesetzt. Für die Intensität der anzusetzenden Lösung sind Erfahrungswerte notwendig. Es empfiehlt sich, mit Briefwaage und einem Becherglas mit Skale zu arbeiten und die Werte sowie die erreichten Farbtöne jeweils zu notieren. Dies ermöglicht, bei weiteren Beizarbeiten die Farbnuancen vorher exakt festzulegen.

In die Nachbeizlösung kann Salmiakgeist gegeben werden. Es erweicht die Holzfasern, damit sie für die Farbstoffe aufnahmefähiger werden, und neutralisiert zugleich den Kalkgehalt des Wassers. Dadurch erreicht man einen gleichmäßigen und intensiven Beizton. Probebeizungen auf Abfallstücken des jeweiligen Holzes sind vorher vorzunehmen. Die kalte Beizlösung wird nach kurzem Umrühren gleichmäßig satt aufgetragen. Mit dem Pinsel ist in Maserungsrichtung zu streichen. Restbeizen sollten nicht in Vorratsgefäße zurückgeschüttet, Pinsel und Gefäße sehr gründlich ausgespült werden. Der gebeizte Gegenstand ist bei normaler Raumtemperatur langsam trocknen zu lassen. Je langsamer eine Beize trocknet, um so wirkungsvoller wird der Farbton. Bilden sich stellenweise auf der Holzoberfläche feine kristalline Ablagerungen, so beweist das, daß eine chemische Reaktion stattgefunden hat. Nach dem Trocknen wird der Kristallstaub mit einer weichen Bürste in Maserungsrichtung entfernt.

Metallbeizen können auf gerbstoffhaltigen Hölzern ohne Vorbeize aufgebracht werden. Vordergründig ist dabei Eichenholz zu sehen. Metallsalzbeizen ohne Vorbeize aufgetragen, ergeben auf Eiche folgende Farbtöne [6]:

Lösungen	*Farbtöne*
Kupferchlorid	hellgelbbraun
Eisenchlorid	grau
Eisensulfat	graugrün
Kaliumchromat	gelbbraun
Manganchlorid	braun
Nickelchlorid	hellbraun
Kupfersulfat	graugrün
Eisenacetat	bläulichgrün
Kobaltchlorid	dunkelbraun
Kaliumbichromat	braun

7.4. Räuchern

Das Räuchern ist eine althergebrachte spezielle Technik des Beizens. Dazu wird der fertige Holzgegenstand in einen abgeschlossenen Raum gebracht, in dem geräuchert werden kann. Bei kleineren Arbeiten oder einer geringen Anzahl reicht ein altes Schränkchen oder eine verschließbare Kiste. Gefäße mit Salmiakgeist bewirken, daß das Holz geräuchert wird.

Die dem Gefäß entweichenden Dämpfe verbinden sich mit dem Gerbstoff des Holzes, wodurch eine Dunkelfärbung hervorgerufen wird. Je nach gewünschtem Grad der Dunkelfärbung kann dieser Vorgang bis zu 12 Stunden ausgedehnt werden. Zwischen den zu räuchernden Arbeiten sind kleine Zwischenräume zu lassen.

Von Natur aus eignen sich zum Räuchern nur gerbstoffhaltige Hölzer, wie Eiche und Akazie. Eiche wird braun bis dunkelbraun. Dabei ist zu beachten, daß das Eichensplintholz keine Gerbsäure enthält und daher hell bleibt. Dieser scharf abgegrenzte Hell-Dunkel-Kontrast kann bei Gebrauchsgegenständen (Schalen, Leuchtern) sehr reizvoll wirken. Bei figürlichen Arbeiten und Reliefs ist das aber nicht erwünscht. Sollen solche Arbeiten geräuchert werden, ist schon beim Zuschnitt darauf zu achten, daß das Splintholz entfernt wird. Akazie wird beim Räuchern erst olivgrün, dann dunkelbraun. Auch bei Akazie muß das Splintholz abgeschnitten werden.

Alle Hölzer, die keine Gerbsäure (Tannin) enthalten, können mit einer Tanninlösung vorgebeizt und nach dem Trocknen ebenfalls geräuchert werden.

7.5. Lackieren, Ölen und Wachsen

Die Oberfläche des Holzes wird meist mit einem besonderen Schutz versehen. Gelegentlich werden Arbeiten aus Eiche, Nußbaum oder aber sandgestrahlte Schnitzereien in ihrer natürlichen Wirkung belassen. Meist werden jedoch ein oder mehrere Mittel – oft farblose Lacke

Bild 89. Johann Horler
Bergleute mit Hunt

— als Schutz vor Nässe- und Schmutzeinwirkung sowie zur Intensivierung der Maserung und Farbwirkung verwendet. Am gebräuchlichsten sind für Schnitzarbeiten Lacke auf Nitrobasis. Mattine ist gut geeignet, ebenfalls matter Celluloselack. Hochglanzlacke sollten nicht verwendet werden, wenn nicht direkt — wie bei Restaurierungsarbeiten — eine entsprechende Forderung besteht. Schnitzarbeiten, die mit solchen Glanzlacken überzogen werden, verlieren an Ausdruckskraft und wirken oft kitschig, weil durch den Glanz die Licht-Schatten-Wirkung verwischt und die Wirkung der Form des Materials zerstört wird. Der Lack wird mit dem Pinsel in Faserrichtung aufgetragen und anschließend quer dazu verteilt. Man kann den Lack aber auch mittels einer Spritzpistole aufspritzen. Die Lacke dürfen nicht zu dick aufgetragen werden. Eine dünne Schicht genügt bei Schnitzarbeiten völlig. Wird die Oberfläche durch die Lackschicht leicht rauh, so ist sie vorsichtig durch Abreiben mit Stahlwolle zu glätten. Bei Verwendung von Lacken sind generell die Arbeitsschutzbestimmungen genau einzuhalten und für gute Durchlüftung am Arbeitsplatz zu sorgen! Für den Anstrich von Arbeiten, die im Freien stehen, eignen sich Lacke auf Alkydharzbasis, Bootslack und Nitrolacke. Um eine gute Wetterbeständigkeit zu erreichen, kann man solche Holzarbeiten ein- oder mehrmals mit Halböl bestreichen und nach dem Einziehen des Öles lackieren.

Eine empfehlenswerte Oberflächenbehandlung ist das Ölen, das nur dann nicht angewendet werden sollte, wenn die Holzmaserung nicht so stark hervortreten soll. Eine zu intensiv sichtbare Maserung kann dem Gesamteindruck einer Schnitzarbeit, besonders einer figürlichen, schaden. Die Oberfläche erhält eine wasserabweisende Schutzschicht, die Farbe und Schönheit des Holzes besonders hervortreten läßt und dabei völlig glanzlos ist. Man verwendet harzfreie Öle, wie z. B. Mageröl (Schleiföl), Strukturöl, Teakholzöle oder auch Lebensmittelöle (Sonnenblumenöl). Nach dem Bestreichen ist das Öl einziehen zu lassen und der Vorgang noch ein- oder mehrmals zu wiederholen. Vollständig geölte Reliefs sind nicht mit Wänden direkt in Berührung zu bringen, da an diesen sonst Flecken entstehen, die nicht abtrocknen. Wenn das Öl nach einiger Zeit in das Holz eingezogen ist, kann die Oberfläche bei Bedarf anschließend eine zusätzliche Bearbeitung mit Lack oder Wachs erfahren.

Das Wachsen erfreut sich bei den Schnitzern großer Beliebtheit (Bild 89). Es führt zu einer matten Holzoberfläche und eignet sich besonders für kleinere und mittlere geschnitzte Figuren. Wachsoberflächen sind nicht wasserbeständig und nicht kratzfest und daher auch nicht für Gebrauchsgegenstände geeignet.

Leider gibt es noch immer Schnitzer, die jedes Wachs zur Oberflächenbearbeitung ihrer

Hölzer nutzen. Sie verwenden farbloses oder gar getöntes Bohnerwachs und wundern sich, wenn die Oberfläche bereits nach kurzer Zeit schmutziggrau und unansehnlich geworden oder abgebröckelt ist. Dann ist es schade um die Schnitzarbeit und die vielen für ihre Herstellung geopferten Stunden!

Eine gute Wachslösung stellt man am besten selbst her. Sie sollte aus zwei Teilen Bienenwachs und einem Teil Lösungsmittel (Terpentin, Benzin, Aceton) bestehen. Das Bienenwachs wird in kleine Stücke geschnitten und gehobelt. Diese Späne gibt man in ein geeignetes Gefäß und gießt Terpentin oder ein anderes Lösungsmittel hinzu, so daß sie sich zu einem dünnen Brei rühren lassen. Mit Terpentin gelöstes Wachs trocknet langsam. Wesentlich schneller trocknet es, wenn Benzin oder Aceton verwendet wurde. Diese Wachslösung wird nun erwärmt, doch nicht zu stark erhitzt und mit einem möglichst feinen weichen Pinsel auf das Holz aufgetragen. Nach dem Anstreichen und Trocknen des Wachses bürstet man die Schnitzarbeit mit einer weichen Bürste in Maserungsrichtung. Dabei erhält das Holz einen feinen matten Glanz. Eine so gewachste Arbeit kann, wenn notwendig, auf diese Weise von Zeit zu Zeit immer wieder aufgefrischt werden.

Eine Nachbehandlung mit Lack ist jedoch nicht zu empfehlen, was zur Fleckigkeit oder Abblättern des Lackes nach dem Trocknen führen könnte. Im übrigen sollte man Lacke bei der Oberflächenbehandlung sparsam verwenden. Öle, Halböle oder Firnis eignen sich meist besser.

7.6. Brennen und Sandeln

Das Brennen von Holzoberflächen ist eine recht bekannte und verbreitete Technik zur Erzielung besonderer Effekte. Geeignet sind dazu fast ausschließlich Nadelhölzer. Durch ein Überbrennen des Holzes mit Hilfe der Flamme einer Lötlampe oder eines Gasbrenners werden die Frühholzringe verbrannt und die Spätholzringe gebräunt. Durch das anschließende Ausbürsten mit einer nicht zu harten Drahtbürste (Messingbürste) entsteht in der Struktur einmal eine Reliefwirkung und zum anderen ein Hell-Dunkel-Kontrast. Die Oberfläche darf nicht zu stark gebrannt werden, um Hitzerisse im Holz zu vermeiden. Beim Umgang mit den Brennern sind die Brandschutzvorschriften zu beachten!

Eine Nachbehandlung mit Nitrolack, farblosem Latex, Wachs oder Öl ist möglich, jedoch nicht unbedingt erforderlich.

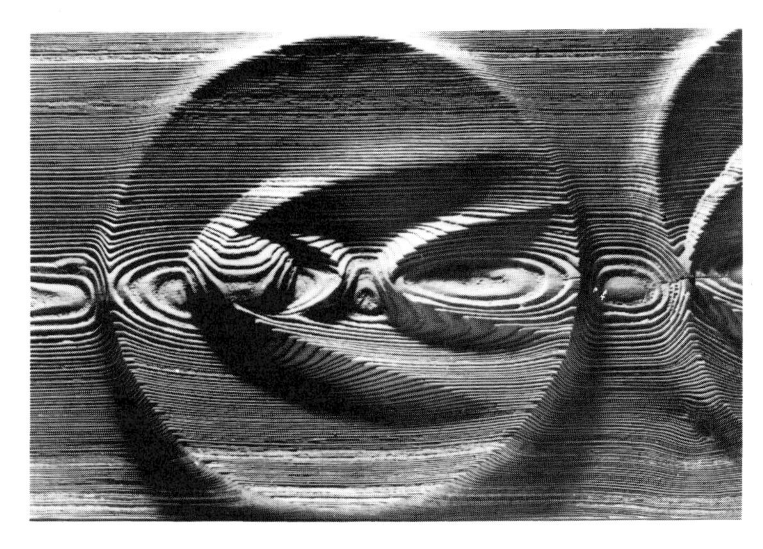

Bild 90. Dietmar Lang
Der Flug (Ausschnitt)
Fichte geschnitzt und
sandgestrahlt

Zum Brennen eignen sich – bei figürlichen Arbeiten – nur geschlossene Plastiken mit einer großzügigen Oberfläche ohne Detailschnitzerei. Häufiger wird das Brennen jedoch bei dekorativen Reliefs oder Gebrauchsgegenständen, Wandverkleidungen, Raumteilern und Balustraden angewandt. Man sollte sich genau überlegen, wo diese Technik wirklich angebracht ist.

Gediegen wirkt eine *gesandelte* Arbeit, die unter Beibehaltung der natürlichen Holzfarbe ebenfalls eine reliefartige Oberfläche des Holzes zeigt. Nach dem Sandeln ist die Reliefoberfläche meist profilschärfer als nach Brennen und Bürsten und hat den Vorteil, auch bei Harthölzern, wie Eiche, Rüster und Esche, mit Erfolg angewandt werden zu können. Hinzu kommt noch die Kombination von Beizen und Sandeln, was zu einer breiten Palette an Farbwirkungen führt. Allerdings ist für das Sandeln ein Sandstrahlgebläse erforderlich. Wird ein Sandstrahlen notwendig, so empfiehlt es sich, den Auftrag an einen Baubetrieb, eine Glasschleiferei oder eine Gießerei zu geben, wo eine solche Anlage vorhanden ist. Mit Druckluft wird feiner Quarz- oder Feuersteinsand auf das Holz gestrahlt, der die weicheren Holzteile herausschleudert (Bild 90).

Es ist zu beachten, daß der Sandstrahl in metallverarbeitenden Branchen oft mit Eisenteilchen angereichert ist. Dort gestrahlte Hölzer sind für chemische Beizverfahren ungeeignet, da der feine Reststaub im Holz beim Beizen Flecken oder eine Schwarzfärbung bewirkt.

7.7. Vergolden

Vergoldet wird mit hauchdünnen ausgeschlagenen Blättchen aus Reingold oder einer Gold-Silber-Legierung. Die zu vergoldende Holzoberfläche wird vorher mager grundiert, gespachtelt, geschliffen, damit sich eine glatte Oberfläche ergibt. Man bestreicht diese Fläche mit Goldanlegeöl (Mixtion) und legt nach der entsprechenden Trockenzeit sehr vorsichtig das Blattgold an, indem man es mit einem weichen Dachshaarpinsel andrückt. Abschließend wird das Blattgold mit einem weichen Pinsel «eingekehrt», die Ränder der vergoldeten Fläche gesäubert und das Gold mit einem Polierachat poliert.

Hochwertiger, aber auch wesentlich schwieriger ist die sehr alte Technik der Polimentvergoldung. In der modernen Gestaltung von Holz nicht gebräuchlich, wird sie hauptsächlich noch bei Restaurierung oder Kopierung alter Werke – wie Plastiken, Möbel, Bilderrahmen, Konsolen usw. – verwendet. Wird eine solche Vergoldung notwendig, so ist es zu empfehlen, die Arbeit von einem Fachmann durchführen oder sich zumindest genau beraten zu lassen. Der Vollständigkeit halber sei hier der Vorgang kurz beschrieben.

Gut getrocknetes Holz, damit Grund und Vergoldung nicht abspringen, mit einer sauber bearbeiteten Oberfläche wird mit Leim getränkt. Dieser besteht aus einem Teil Glutinleim und fünf Teilen Wasser. Feingeschlämmte Kreide und Leimtränke mischt man im Verhältnis 1:3 warm zusammen und trägt sie 6...8mal auf die zu vergoldenden Flächen auf. Zwischen diesen Arbeitsgängen macht sich mehrmals ein Glattschleifen erforderlich. Früher wurde dazu Schachtelhalm verwendet. Heute benutzt man Schleifmittel mittlerer bis feinerer Körnung. Je glatter der Kreidegrund, um so höher ist im Endeffekt der Glanz des aufgetragenen Goldes oder Silbers. Nach diesem Vorgang löscht man die Oberfläche ab. Das Löschmittel wird aus drei Teilen Spiritus und einem Teil Schellack oder Zaponlack hergestellt und die Oberfläche damit eingestrichen.

Nun kann das Auftragen von feingeschlämmtem Ton, dem Bolus, beginnen. Er wird mit einigen Tropfen Knochenmark und 8%iger Leimlösung vermengt und auf den Kreidegrund aufgetragen. Nach dem Trocknen ist die Oberfläche zu glätten und mit einem Wollappen blankzureiben. Nun wird sauberes warmes Wasser mit etwas Glutinleim (100 ml sind 4 Tropfen

Glutinleim) angereichert und satt auf die zu vergoldenden Flächen gestrichen. Das Metall wird nun mit dem Vergoldermesser auf einem Vergolderkissen geschnitten und auf die vorbehandelte Fläche aufgetragen. Man verwendet dazu einen Dachshaarpinsel, den man vorher durch Streichen über das eigene Haar statisch aufgeladen hat. Dieser ganze Vorgang erfordert äußerste Vorsicht, und es gehört schon etwas Übung dazu, wenn es immer reibungslos glücken soll. Nach der Trocknungszeit (3...5 Stunden) werden die vergoldeten Flächen mit einem Polierstein (Achat oder Bein) poliert. Abschließend kann die Fläche mit einem dünnen farblosen Lack überzogen werden (Zaponlack).

7.8. Reinigen von Schnitzarbeiten

Bereits beim Schnitzen können auf dem Gegenstand Schmutzflecken entstehen. Wenn es nicht möglich ist, diese durch ein vorsichtiges Nachschneiden zu entfernen, wird am besten zu Pinsel und Waschbenzin gegriffen. Waschbenzin eignet sich auch zum Reinigen fertiger Arbeiten, die durch Verstauben unansehnlich geworden sind.

Bei gewachsten Figuren muß ein Auffrischen durch erneutes Wachsen erfolgen. Starke Verschmutzungen bei rohen, lackierten oder geölten Schnitzereien können auch vorsichtig mit lauwarmem Wasser und Seife gereinigt werden. Bei nur mit Tempera bemalten Arbeiten ist dies nicht möglich. Hier würde sich eine Neubemalung anbieten. Gebeizte Flächen dürfen nicht gewaschen werden, es kommt sonst zu Fleckenbildung.

8. Ästhetische Gestaltung

Die Schnitztechniken bieten viele Möglichkeiten der Holzgestaltung. Man kann dem Holz jede beliebige Form geben, wenn man über Werkzeug und die notwendigen handwerklichen Fertigkeiten verfügt. Das Werkzeug kann man sich beschaffen, das Handwerkliche mit dem nötigen Fleiß und der entsprechenden Ausdauer aneignen. Doch dies reicht noch längst nicht aus, gute Schnitzarbeiten oder gar Kunstwerke der Holzbildhauerei zu schaffen. Sicher besticht eine handwerklich gut gelungene, saubere Arbeit den Betrachter. Doch das Werk kann trotzdem uninteressant, fade oder ungelenkig wirken, wenn der Schöpfer dieser Arbeit gestalterisch versagt hat. Gerade auf den größeren regionalen Schnitzausstellungen – man denke dabei besonders an die «Hochburgen» der erzgebirgischen Schnitzerei – ist ein breites Spektrum zu sehen, wobei von hervorragend gestalteten Arbeiten bis hin zum Kitsch alles vertreten ist.

Ebenso wie erwartet wird, daß eine Schnitzarbeit die Einheit von handwerklicher Fertigkeit und künstlerischer Gestaltung aufweist, erwartet man von einer guten gestalterischen Leistung die Einheit von Inhalt und Form, Zweck und Form sowie Farbe und Form. Wichtigster Lehrmeister ist dabei die Natur. Sie bietet die vielfältigsten Anregungen. Naturstudien, mit dem Zeichenstift auf das Papier gebracht, sind sehr oft Grundlagen für die weitere Arbeit des Gestalters. Dabei soll er jedoch nicht einfach kopieren, sondern von der Natur lernen, um frei gestalten zu können. Will man z. B. eine Schale gestalten und sucht nach einer äußeren Form, so kann ein Blatt sicher dafür Anregung sein. Bei einer in Holz geschnitzten Schale kann und muß man auf solche Details, wie Stiel und Rippen des Blattes, verzichten. Hier ist die Form,

z. B. die Dynamik eines lanzettförmigen Blattes, gestalterische Vorlage; die Struktur der Fläche jedoch sollte ihre Schönheit nur aus der glatt geschnittenen oder geschliffenen Holzmaserung hervorbringen.

Dies ist allerdings nur ein Beispiel aus dem Bereich der Herstellung von Gebrauchsgegenständen. Es gibt auch eine ganze Reihe von Arbeiten, besonders in der figürlichen Plastik, wo sehr naturnahe, detailgetreue Werke ihre volle Berechtigung haben. Erinnert sei dabei nur an die hervorragenden sakralen Bildwerke der Gotik. Diese Arbeiten vergangener Kulturperioden und kunstgeschichtlicher Epochen können fast ausschließlich als zuverlässige Vorbilder angesehen werden. Dies beginnt bei den Bildwerken der Antike und führt über die Gotik zur Renaissance, wo immer wieder vollendete Schönheit in Plastik und Relief zu finden ist. Dabei gilt es, das Ursprüngliche dieser Werke, Zusammenhänge von Art und Zeitpunkt der Gestaltung sowie von geschichtlichen und gesellschaftlichen Verhältnissen in einer Einheit zu sehen und zu verstehen. Aus diesen und geschichtlichen Kenntnissen wird deutlich, daß Kunstwerke nur dann kopiert werden sollten, wenn damit ein bestimmtes Lehrziel verfolgt wird. Der richtige Maßstab ist: Lernen, um Neues gestalten zu können! An den Gestalter werden recht hohe Anforderungen gestellt, wenn wirklich künstlerisch wertvolle Arbeiten entstehen sollen. Man muß dabei bedenken, daß beim Schnitzen der gesamte Prozeß von der Idee bis zur fertigen Arbeit normalerweise nur von einer Person abhängig ist und ausgeführt wird. Verlangt wird daher vom Schnitzer: Ideenreichtum, aufmerksame Natur- und Umweltbeobachtung, Lernbereitschaft, Erkennen von geschichtlichen und gesellschaftswissenschaftlichen Zusammenhängen, gutes Allgemein- und Fachwissen, kritisches und selbstkritisches Einschätzungsvermögen sowie Weitblick und eine angemessene Toleranz als psychische Voraussetzung. Energie und Ausdauer, die Fähigkeit zur intensiven Beschäftigung mit einem Problem und dessen Lösung, Kraft und Organisationstalent sind besonders wichtig, ebenso ein gutes Formgefühl. Künstlerisches Talent, Wissen und Können gehören dazu, um in der Holzbildhauerei und Holzschnitzerei Überdurchschnittliches zu leisten. Doch am wichtigsten ist wohl der Fleiß und das Interesse an der Holzgestaltung. Dies hilft dort, wo noch Schwächen bestehen, hinzuzulernen und damit zu beachtlichen Erfolgen zu gelangen.

In diesem Zusammenhang seien einige Ratschläge gegeben, die die Arbeit erleichtern sollen:

1. Exakt und sauber arbeiten!
2. Überlegen, ob eine angenommene Lösung wirklich schon ausgereift ist, das maximal Erreichbare darstellt oder noch verändert und verbessert werden kann.
3. Nichts verkomplizieren.
   Das Einfache ist meist das Beste. Die Perfektion besteht nicht im Komplizierten, sondern darin, das Wesentliche zu erfassen und das Unwesentliche wegzulassen.
4. Lernen heißt auch selbständig arbeiten.
5. Nur eigene Ideen verwenden. Geistiger Diebstahl und Eklektizismus sind dem rechtschaffenen Holzgestalter verpönt.

Wer dies beherzigt, wird auch zufriedenstellende Holzschnitzereien erarbeiten.

Dabei soll aber nicht der Eindruck geweckt werden, das Verwenden von Traditionsformen sei nicht gestattet. Im Gegenteil, wenn man sie in die gestalterische Arbeit einfließen läßt, ihre Formensprache und ihren Aussagewert mit einbezieht, so wird die Arbeit oftmals wesentlich bereichert.

Der erzgebirgische Bergmann kann als Beispiel angeführt werden. Immer wieder wird diese Thematik verwendet, und trotzdem entstehen aus der Grundform des Bergmannes des Altbergbaus in Uniform zahlreiche Varianten.

8.1. Gestalterische Grundsätze

Man kann nicht, von der Beherrschung der Schnitztechnik ausgehend, einfach das gestalten, was man sieht, und das gefühlsmäßig in Holz umsetzen. Bei der Gestaltung von Schnitzarbeiten dürfen ästhetische Gestaltungsprinzipien nicht außer acht gelassen werden.

Bei der Anfertigung geschnitzter Figuren ist die Beachtung der Proportionen unumgänglich. Im Abschnitt 4 wurde auf Fragen des Zeichnens menschlicher Proportionen bereits eingegangen. Proportionen sind Maßverhältnisse. Bei der Gestaltung von Mensch und Tier sind sie durch das Modell, die Natur vorgegeben und müssen entsprechend bei der Wiedergabe in Holz eingehalten werden. Leichte Veränderungen zugunsten einer Vertiefung des Ausdrucks oder der Aussage sind dabei möglich. Besonders bei geschnitzten Figuren, die kleiner als 20 cm sind, nimmt die Kopfgröße nicht nur $^1/_8$ der Gesamtgröße ein, sondern es ist durchaus üblich, daß die Kopfgröße etwa bei $^1/_7$ liegt und dabei doch eine wohlproportionierte Figur entsteht (Bild 91).

Der konstruktive Aufbau der Figur geht auf die geometrischen Grundelemente Kugel, Zylinder und Würfel zurück. Beim Vermessen einer Figur ist die Größe des Kopfes als Grund-

Bild 91. Rudolf Kunis
Pilzfrau (1941)

maß zu verwenden. Bewegte Figuren werden von der Ruhestellung aus konstruiert. Einzelne Phasen eines Bewegungsablaufes sollen dabei, zunächst zeichnerisch, dargestellt werden. Hilfe leistet dabei oft eine Gliederpuppe aus Holz als Modell. Die menschlichen Proportionen sind jedoch ebenfalls zu beachten bei der Gestaltung von Gebrauchsgegenständen. Dies läßt sich am Beispiel der Sitzmöbel gut verdeutlichen.

Den Holzschnitzer und Holzbildhauer interessieren diese Größenverhältnisse bei der Gestaltung von Schalen und Leuchtern. So ist die Handgröße zu berücksichtigen, wenn z. B. eine tragbare Henkelschale gestaltet werden soll. Zur Benutzung eines solchen Gegenstandes muß dem menschlichen Körper eine natürliche Haltung gewährleistet werden können.

Bei bildnerischen Werken ist die Normative für gute Maßverhältnisse von altersher der *Goldene Schnitt.* Er läßt sich an vielen Gegenständen nachweisen. Die Harmonie und Ausgewogenheit des Goldenen Schnittes findet man in der Natur, wo er seinen Ursprung hat. Dies beginnt bei den menschlichen Proportionen und setzt sich bei Tieren und Pflanzen fort.

Definiert ist der Goldene Schnitt als die geometrische Aufteilung einer Linie, deren kürzerer Linienabschnitt zum längeren Linienabschnitt im selben Verhältnis steht wie dieser längere Abschnitt zur ganzen Linie. Mathematisch formuliert ist das Verhältnis etwa $8:13 = 13:21$ (Bild 92). Allerdings ist von der Anwendung des Goldenen Schnittes der gesicherte gestalterische Erfolg nicht ableitbar. Das würde zur Eintönigkeit führen. Hier ist nun wieder der Punkt

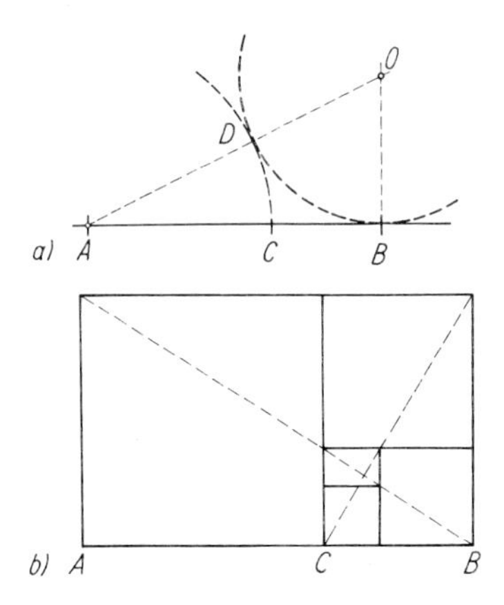

Bild 92. Goldener Schnitt
a Konstruktionsbeispiel B – O = $^1/_2$A – B
A – D = A – C
C Goldener Schnitt für die Linie A – B
b Fläche im gleichen Verhältnis des Goldenen Schnitts aufgeteilt

erreicht, wo die Möglichkeiten des Rationalen erschöpft sind. Nur in Verbindung mit dem Emotionalen kann das geschaffen werden, was der schöpferischen Arbeit «Seele und Ausdruck» gibt, was die Erhöhung eines Werkes zum Kunstwerk ausmacht. Neben diesen Maßverhältnissen ist auch stets auf die entsprechende Harmonie eines Werkes, seine künstlerische Einheit zu achten. Es muß «aus einem Guß» sein. Der Gestalter soll seine Formauffassung in allen Zusammenhängen demonstrieren, ruhig versuchen, seine «Handschrift» zu verdeutlichen.

Es ist nicht zu vergessen, daß das Holz materialgerecht verarbeitet werden will. Holz hat auch Möglichkeiten und Grenzen wie jedes andere Material – und das gilt es zu beachten.

8.2. Mittel der Gestaltung

Die Grundformen, von denen schon beim Aufbau einer Figur gesprochen wurde und die man auch als architektonische Grundformen bezeichnet, bieten schon eine gewisse Auswahl an Ausdrucksmöglichkeiten. So sind lastende, beruhigende, steigende, gerichtete, ausstrahlende

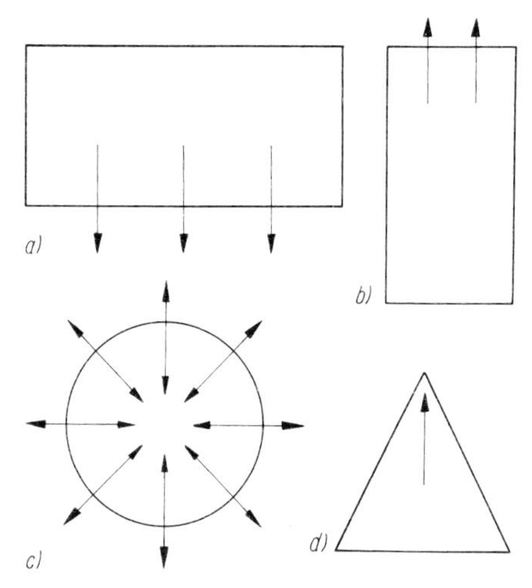

Bild 93. Richtungstendenz begrenzter Flächen (architektonische Grundformen)
a lastend, beruhigend, *b* steigend, gerichtet, *c* ausstrahlend, von allen Seiten konzentrierend, *d* richtungsbetont, gerichtet

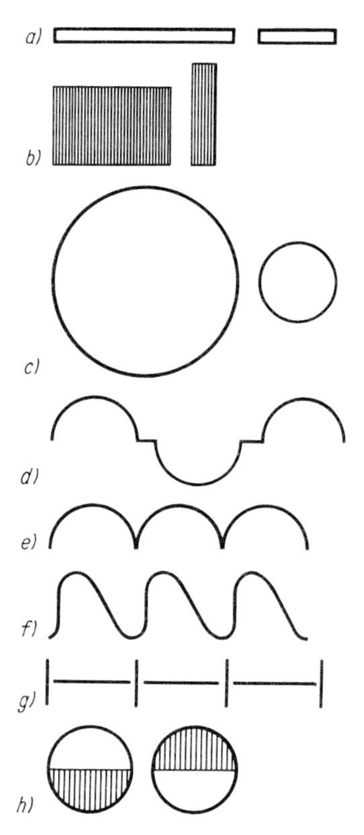

Bild 94. Maßkontraste *a, b, c* und Formkontraste *d, e, f,* Richtungskontraste *g* sowie Helligkeitskontraste *h*
a) lang – kurz, *b)* dick – dünn, *c)* groß – klein, *d)* rund – eckig, *e)* rund – spitz, *f)* Schwingung – Gegenschwingung, *g)* senkrecht – waagerecht, *h)* hell – dunkel

oder konzentrierende Merkmale an einfachen geometrischen Flächen oder Körpern festzustellen (Bild 93).

Weiterhin sind Kontraste in der Gestaltung nutzbar, besonders bei der dekorativen Arbeit. Diese Kontraste bewirken optische Spannungen, die das zu gestaltende Werk reizvoll erscheinen lassen. Neben Formkontrasten bewirken Maßkontraste, wie lang und kurz, dick und dünn, groß und klein, diese Merkmale.

Rund – eckig, rund – spitz und konkav – konvex können Bewegung, Gegenbewegung oder auch plötzlichen Stillstand signalisieren. Richtungskontraste zeigen Auf- und Abbewegung, Senkrechte – Waagerechte und Schwingung – Gegenschwingung. All diese Kontrastpaare sind bei der Formgestaltung verwendbar (Bild 94). Helligkeits- oder Farbkontraste spielen bei der Färbung oder Bemalung der Oberfläche eine Rolle. Weitere Kontrastpaare sind eng – weit oder dicht – locker, die als Kontraste der Aufeinanderfolge bezeichnet werden.

Beim Schnitzen sind ebenfalls Kontraste zu erwähnen, die durch die unterschiedliche Gestaltung der Holzoberfläche erreicht werden können. So wäre der Gegensatz rauh (gespaltenes Material) zu glatt (geschliffenes Material) zu nennen. Dies kann zum Beispiel sehr reizvolle dekorative Wirkungen haben. Auch durch Schnittechniken erreichte Kontraste (z. B.

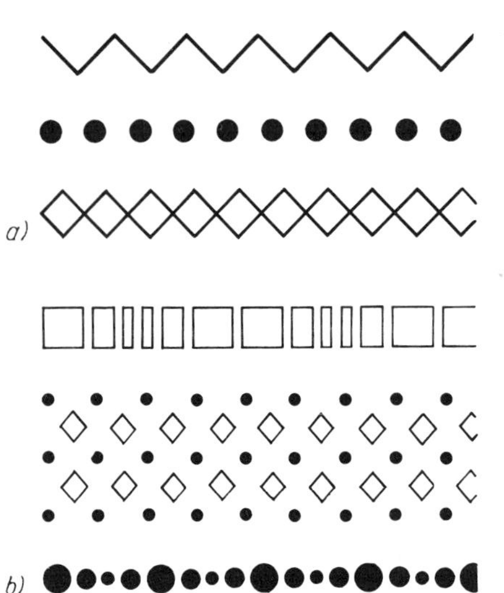

Bild 95. Reihungen
a einfache (Wechsel, Intervall, Überkreuzung),
b rhythmische Gliederung

behaart auf glatter Fläche) kann sehr wirkungsvoll sein. Diese Polarität oder Wirkung von Gegensätzen bestimmen das ganze Leben, machen es erst interessant. Man denke dabei nur an solche Gegensätzlichkeiten wie Tag und Nacht, Wachen und Schlafen, Werden und Vergehen.

Neben diesen Gesetzmäßigkeiten der Dynamik und der Kontraste spielt der Rhythmus in der Gestaltung eine wichtige Rolle, ganz besonders im Ornament. Rhythmus ist die Wiederkehr von Gleichem oder Ähnlichem, ablaufend in einer Reihenfolge (Bild 95). Das Ornament unterliegt bestimmten gestalterischen Anforderungen, denn es ist mit dem jeweiligen Gegenstand zu verknüpfen, den es verzieren, gliedern, beleben und aufwerten soll (Bilder 96, 97).

Bei der Anwendung des Ornamentes gilt es ebenfalls, sich Beschränkungen aufzuerlegen, um maßvoll zu verzieren und sich vor einer Überfülle zu hüten. Erfahrung, Einfühlungs- und Beurteilungsvermögen der zu gestaltenden Fläche – welches Ornament dem Gegenstand angemessen ist – führen zu einem ausgewogenen Ergebnis.

Letzteres gilt nicht nur für das Ornament. Bei der freien dekorativen Gestaltung, sowohl der Flächengestaltung als auch der Plastik, ist diese Beurteilung der zu gestaltenden Fläche in Verbindung mit künstlerischem Einfühlungsvermögen notwendig. Dabei sind die Formgesetze, wie Kontrast und Spannung, Flächenteilung und Ausgleich, in besonders hohem Maße wirk-

Bild 96. Heinz Heger
Schale
Kambala-Teak
gedrechselt, mit
geschnitztem
Ornament

Bild 97. Bertram Böttger
Gedrechselte Kerzenständer mit einfachem Kerbschnittornament

sam. Sie ersetzen Mimik, Gestik, Gewänder, die bei figürlichen Arbeiten etwas ausdrücken. Deshalb erfordern solche Arbeiten viele Überlegungen und experimentelle Übungen, um zu wertvollen Ergebnissen zu gelangen. Derartige formgestalterische Studien sind hervorragend dazu geeignet, die schöpferische Phantasie anzuregen, zu schulen und zu hohen Leistungen zu führen. Dabei kann durch die entsprechende Formgebung das Material als Mittel zum Zweck untergeordnet, die Eigenheiten und Schönheiten des Materials hervorgehoben werden oder eine Harmonie von Material und Form entstehen.

Es kommt nun aber auch darauf an, zu wissen, wie Farben auf die Gestaltung wirken. Dabei spielen Zeitgeschmack, regionale Traditionen oder auch durch das Material bedingte Notwendigkeiten eine nicht unbedeutende Rolle. Ein großer Meister wie Veit Stoß paßte sich seinem Zeitgeschmack an und prägte ihn mit, wenn er eben gegen Ende seines so schöpferischen Lebens noch vom farbigen Fassen seiner Schnitzwerke Abstand nahm und in seinen letzten Werken nur noch das naturelle Holz in seiner reizvollen Plastizität wirken ließ. Ebenso entspricht es jetzt vorwiegend unserem ästhetischen Empfinden, das Holz in seiner natürlichen Farbe zu belassen oder nur so zu beizen oder zu färben, daß seine Struktur voll zur Wirkung gebracht wird. Dies mag wohl auch darin begründet sein, daß Grundmaterial wie eben das Holz uns nicht mehr in seiner Vielfalt umgibt, daß Holz durch synthetische Stoffe abgelöst wird und uns Farbigkeit und Buntheit in Form von Verpackungsmitteln und vielen anderen Dingen fast im Übermaß umgeben und uns daher das natürliche Gepräge eines gestalteten Grundmaterials eben dieser natürlichen Herkunft wegen besonders wertvoll ist. Aus der Traditionspflege ableitend, wird sich immer neben dem «roh» geschnitzten erzgebirgischen Bergmann ebenso der farbig gestaltete, bemalte Bergmann großer Beliebtheit erfreuen. Schließlich zeigt hier erst die Farbe dem Kenner, vorausgesetzt, es wurde auch sachverständig ausgeführt, aus welchem Revier der Bergmann kommt, welchen bergmännischen Rang er bekleidet. Ein weiterer Grund für die farbige Gestaltung ist im Holz selbst zu finden. So kann es vorkommen, daß während des Schnitzens Materialfehler auftauchen (Äste, Harzgallen), die wohl ausgebessert werden, im Endeffekt jedoch nur durch das Bemalen oder zumindest Überbeizen verdeckt werden können. Auch unschön wirkende Hölzer können durch solche Techniken aufgebessert werden. Zu beachten ist auf jeden Fall, daß eine Harmonie von Farbe und Form und der Farben untereinander erreicht wird.

Die natürliche Farbe des Holzes kann schon eine Aufwertung durch farblose Mittel erhalten. Farblose Lacke oder auch Öle verhelfen dem Holz zu einer Intensivierung seiner natürlichen Farben und Struktur.

Die einfarbige Gestaltung macht sich erforderlich, wenn die natürliche Farbe des Holzes nicht dem Zweck entspricht. Dabei verfolgt man bei Schnitzarbeiten jeder Art vorwiegend die Absicht, das Holz dunkler zu gestalten und dabei die natürliche Maserung und Struktur nicht zu überdecken, sondern zu erhalten oder durchscheinen zu lassen. Dies geschieht sehr oft mit den handelsüblichen «Beizen», die allerdings nur als Färbemittel anzusehen sind. Sie erfüllen ihren Zweck in dieser Hinsicht, ergeben aber ein negatives Maserungsbild. Daher ist ein echtes Beizverfahren zu empfehlen.

Eine mehrfarbige Gestaltung von Figuren ist ebenfalls mit Färbemitteln erreichbar. Dabei ist auf die Abgrenzung von verschiedenen Farben zu achten, da sie sonst ineinander verlaufen können.

Farbige Gestaltung, die noch das Holz erkennen, die Maserung durchscheinen läßt, ist auch mit dünnen Wasserfarben und verdünnter Ölfarbe zu erreichen. Es ist immer darauf zu achten, daß die Farben auch gut aufeinander abgestimmt sind. Für Bemalungen, die das Holz überdecken, werden neben den Ölfarben zunehmend Tempera- oder Latexfarben verwendet.

Das farbige Behandeln von Schnitzarbeiten ist stark von Inhalt, Ausdruck und Holzart abhängig. Eine geschnitzte Schale zum Beispiel kann gebeizt werden, aber es wird sie kaum jemand mit einer Latexfarbe überstreichen, so daß sie am Ende einer Plastschale zum Verwechseln ähnlich sieht.

Eine in Linde geschnitzte Figur zu bemalen, ist durchaus üblich. Das Holz eignet sich gut dazu. Eine geschnitzte Figur in Eiche kann durch Räuchern verschönert und ihre Maserung hervorragend zur Geltung gebracht werden.

Die Bemalung von Teilen einer geschnitzten Arbeit ist eine weitere Möglichkeit der Farbgestaltung. Dadurch können einzelne Flächen oder Formen besonders hervorgehoben werden. In einer Abstufung von Brauntönen wird dies gern angewandt.

Bei Reliefs oder insbesondere bei Schriftgestaltungen kann der Grund farbig abgesetzt oder auch eine eingekerbte Gravur durch Farbe zu einer besseren Lesbarkeit führen. Es ist darauf zu achten, daß die Farbe passend gewählt wird und das Material nicht abwertet. Braun- oder Grüntöne sind gut geeignet, nicht zu empfehlen sind die sogenannten Gold- oder Silberbronzen. Leider trifft man immer noch in Naturholz belassene Figuren, die mit Gold- oder Silberstrichen «verziert» wurden. Anspruchsvolle Schnitzer sollten davon Abstand nehmen.

9. Maschinen

Ein Schnitzer ist auf gutes Werkzeug angewiesen. Er benötigt nicht unbedingt Maschinen, da oftmals auch keine Gelegenheit besteht, diese aufzustellen. Er kann sich die benötigten Holzstücke auch mit Handwerkszeug zurichten oder in einem Holzbearbeitungsbetrieb zuschneiden lassen. Etwas anders sieht das beim Holzbildhauer aus. Um rationell und effektiv arbeiten zu können, kann er kaum noch auf einige Kleinmaschinen oder auch größere Maschinen verzichten.

Fast täglich in Gebrauch ist der *Schleifbock*. Meist handelt es sich um eine *Doppelschleifmaschine* mit zwei rotierenden Korundscheiben unterschiedlicher Körnung. Sie dient in erster Linie zum Anschleifen der Werkzeuge.

Weiterhin wird oft eine *elektrische Bohrmaschine* benötigt. Zu empfehlen ist eine Handbohrmaschine mit Ständer, die einmal frei gehandhabt werden kann, zum anderen im Ständer mit verstellbarem Hub Verwendung findet. Dazu werden entsprechend den Anforderungen *Winden-Spiralbohrer, Forstnerbohrer* und *Zentrumsbohrer* in unterschiedlichen Größen benötigt.

Für grobe Zuschnittarbeiten, vor allem auf dem Holzplatz, sind *Kettensägen* unentbehrlich. Optimal einsetzbar sind *Motorkettensägen* mit Benzinmotor, da sie vom elektrischen Strom unabhängig überall eingesetzt werden können. Elektrische Kettensägen sind in der näheren Umgebung einer entsprechenden Stromquelle verwendbar. Häufig anzutreffen ist die *Kreissäge.* Sie dient zum Längs- und Quertrennen von Hölzern. Mit der Kreissäge kann schon ein exakter Schnitt erreicht werden. Die Schnittiefe ist verstellbar und das Blatt bei Tischkreissägen zur Ebene des Tisches hin schwenkbar, was verschiedene Schnittwinkel ermöglicht. Handkreissägen erfreuen sich zunehmender Beliebtheit. Sie sind mit unterschiedlicher maximaler Schnittiefe (zwischen 30...100 mm) und Leistung sowohl mit Drehstrom- als auch mit

Bild 98. Neben dem Muster steht die mit der Bildhauerkopiermaschine vorgefräste Arbeit.

Wechselstrommotor erhältlich. Viele Handkreissägen können auch mit kleinen Sägetischen zu Tischkreissägen im kleinen Format umfunktioniert werden und finden deshalb besonders bei Heimwerkern großen Zuspruch. Ein weiterer Sägentyp ist die *Parallel-Schwingsägemaschine* zum Querschneiden oder Besäumen. Sie ist stationär aufstellbar und eignet sich nur für größere Holzbearbeitungswerkstätten.

Die wichtigste Säge für Holzschnitzer und -bildhauer ist die *Bandsäge.* Sie besteht im wesentlichen aus dem Ständer, zwei Sägerollen und Arbeitstisch. Auf den Sägerollen läuft das Sägeblatt. Es wird durch kleine Rollen und Stahlbacken geführt. Mit der Bandsäge kann geschweift geschnitten werden. Sie ist daher geeignet für das Zuschneiden von Schnitzarbeiten aller Art.

Für viele dekorative Arbeiten, Gebrauchsgegenstände, aber vor allem für Reliefs benötigt man sauber gehobelte Bretter oder Pfosten als vorbereitetes Material. Hierfür ist die *Abrichte* und die *Dickenhobelmaschine* zu verwenden, die auch als *kombinierte Abricht-Dickenhobelmaschine* Verwendung findet. Erwähnt sei, daß für kleinere zu hobelnde Arbeiten elektrische Handhobelmaschinen einsetzbar sind. Bei der Fertigstellung von Schnitzarbeiten findet seltener die *Teller-* oder auch die *Bandschleifmaschine* Verwendung. Man kann sie zum Glattschleifen von Standflächen oder Sockeln nutzen.

Bild 99. Holzbildhauermeister an der 2spindligen Bildhauerkopiermaschine

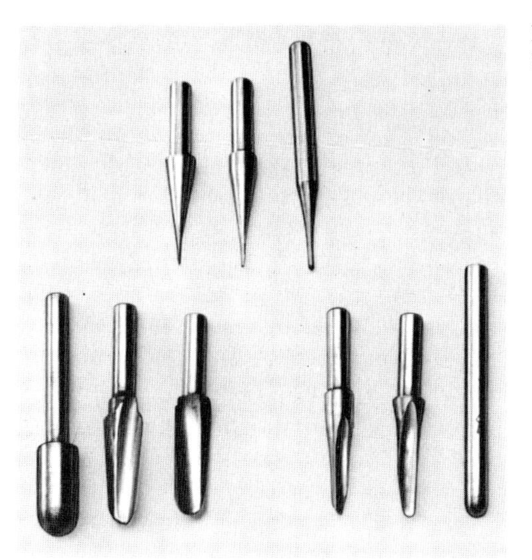

Bild 100. Taster und Fräser für die Schnitzmaschine

Für den Holzbildhauer und Holzformgestalter haben in der letzten Zeit die *Oberfräsen* große Bedeutung gewonnen, und zwar *Kopier-Oberfräsmaschinen* mit Arbeitstisch und *Handoberfräsen.* Sie können beim Herstellen von Schalen – Ausfräsen einer konkaven Fläche –, dem Herausarbeiten eines Reliefgrundes oder vor allem bei der Schriftgestaltung Verwendung finden.

Auf einem Verfahren ähnlich dem der Oberfräse basiert auch die *Bildhauerkopiermaschine* (Schnitzmaschine). Nur professionell arbeitende Holzbildhauer oder Betriebe werden sich eine solche Maschine aus Gründen der Wirtschaftlichkeit anschaffen.

Beim Schnitzen – eigentlich richtiger Fräsen – mit der Maschine wird das in der Maschine befestigte Muster durch eine Vorrichtung langsam Fläche um Fläche abgetastet. Deshalb sollte das Muster (Muttermodell) auch möglichst aus Hartholz sein, um länger die Form beizubehalten. Parallel zum Muster werden nun entsprechend der Kapazität der Maschine, oft pneumatisch, Rohlinge eingespannt, die durch die rotierenden Fräsen in die gleiche Form geschnitten werden. Je nach Größe der Maschine können 2...24 Kopien gleichzeitig angefertigt werden. Bei halb- oder vollplastischen Arbeiten kann ein Vorschub eingestellt werden, so daß sich sowohl das Muster als auch die «Kopien» langsam um ihre eigene Achse drehen und so allseitig bearbeitet werden können. Wie detailgetreu die kopierte Schnitzarbeit ausfällt, richtet sich nach den jeweils eingesetzten Kopierfräsern. Die Kopierfräser können durch einen zentralen oder separaten Motor über Riemen angetrieben werden. Dadurch und durch hohe Umdrehungszahl des Fräsers, mit dem das Holz zerspant wird, entsteht bei der Arbeit mit der Schnitzmaschine eine recht hohe Lärmbelastung.

Meist wird mit der Maschine die zu fertigende Arbeit nur angelegt. Der letzte Schliff erfolgt immer mit der Hand (Bild 98).

In Bild 99 ist eine Bildhauerkopiermaschine und in Bild 100 sind einige dazugehörige Fräser zu sehen.

10. Kleiner Schnitzlehrgang

Es ist ein langwieriger Prozeß, richtig und mit Formgefühl Schnitzen zu lernen. Ohne Übung ist es nicht möglich, mit scharfem Werkzeug ein geeignetes Stück Holz zu bearbeiten und eine künstlerisch ansprechende Schnitzarbeit entstehen zu lassen. Selbst eine künstlerische Vorbildung, durch die Gestaltung anderer Materialien erworben, genügt nicht. Das Holz hat einen eigenen Charakter, der erst kennen- und beherrschengelernt werden will. Das braucht Zeit. Der Neuling im Fach muß sich daher langsam vom Einfachen zum Komplizierten, von der kleinen Arbeit zum größeren Werk vortasten. Dabei gibt es keine Festlegungen, was unbedingt zuerst versucht werden sollte. Auf jeden Fall ist es zu empfehlen, sich aus den bereits behandelten Themen das notwendige Wissen anzueignen, um erfolgreich arbeiten zu können.

Zunächst ist das *Zeichnen* zu erlernen, da das, was geschnitzt werden soll, durch die zeichnerische Umsetzung klarer wird. Die Zeichnungen dienen als Vorlage für eine Schnitzarbeit und sind dann so durchdacht und ausgeführt, daß sie auch schnitztechnisch verwirklicht werden können. Dies gilt in besonderem Maße für Details und Funktionsdarstellungen.

Anschließend muß geübt werden, die Zeichnung ins *Plastische* umzusetzen. Dafür ist das

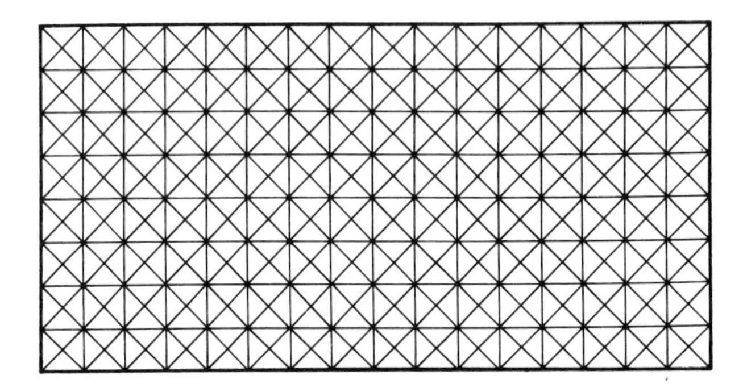

Bild 101. Zeichnung für Kerbschnittornament

Bild 102. Fertiges Kerbschnittornament

Plastilinmodell gut geeignet, da die Verwendbarkeit dieses Materials auch über einen längeren Zeitraum hinweg nicht beeinträchtigt wird.

Bevor am Holz gearbeitet werden kann, sollte der Anfänger gelernt haben, sein *Werkzeug* selbst zu *schärfen.* Er muß wissen, wie an der Maschine angeschliffen und mit Stein und Gleitmittel abgezogen werden soll. Weiterhin muß er feststellen können, wann das Werkzeug scharf ist und wann noch weiter abgezogen werden muß. Die Kenntnis des Materials, der Maserungsrichtung und der daraus resultierenden Schnittrichtung, die Unterscheidung der gebräuchlichsten Holzarten und ihre besonderen Eigenschaften, wie Härte und Spaltbarkeit, sind unerläßlich.

Mit diesem Wissen und Können ausgerüstet, wird er sich mit der Zeit weitere Fertigkeiten aneignen und seinen Erfahrungsschatz vergrößern. Bei stetiger Übung verfeinert sich das Gefühl für das Material und eröffnet in Verbindung mit erweitertem Wissen um Inhalt und Form den Weg zu einer höheren Qualität der Arbeit.

Die Schwierigkeitsgrade der zu schnitzenden Arbeiten sollten je nach bereits vorhandenen Fertigkeiten des Anfängers gesteigert werden.

Nachfolgend seien einige Hinweise zum systematischen Erlernen des Schnitzens genannt:

1. *Reliefarbeiten.* Es wird empfohlen, mit einem einfachen Kerbschnitt zu beginnen und sich über das Flachrelief bis zum Hochrelief zu steigern. Als eine der ersten Übungen kann man ein sternförmiges Kerbschnittornament fertigen, wie es in den Bildern 101 und 102 dargestellt ist. Dazu benötigt man einen Geißfuß zum Anlegen und ein Balleisen zum Sauberschneiden. Bei dieser Arbeit kommt es darauf an, durch die entsprechende Haltung des Werkzeugs zu sauberen Schnittflächen zu gelangen.

   Als plastische Übung kann zunächst einmal eine Walze geschnitzt werden. Hierbei lernt man, wie Span um Span abgehoben werden und bei richtiger Führung des Schnitzmessers eine gleichmäßig gewölbte Fläche entsteht. Aus dem Zylinder kann in weiterer Bearbeitung ein kleines Bäumchen entstehen (Bild 103).

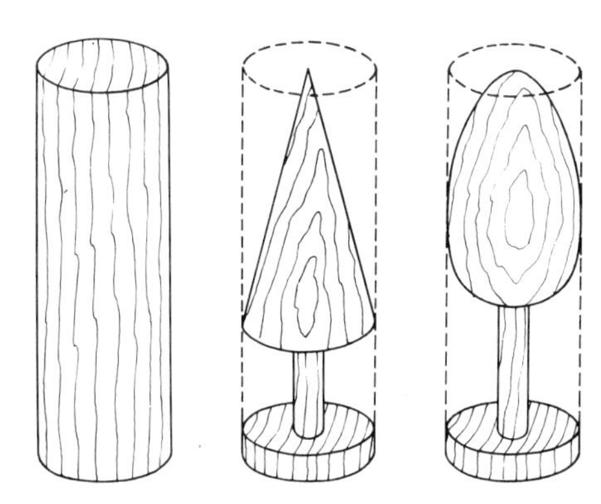

Bild 103. Zylinder und daraus entstehende Bäumchen

2. Eine das Formgefühl schulende Übung ist das *Schnitzen einer flachen Schale.* Der Lernende bekommt ein Gefühl dafür, wie eine Form zweckentsprechend zu verlaufen hat, wie dick eine Holzwandung sein sollte und wie exakt gearbeitet werden muß, um Formbrüche zu vermeiden oder zu beseitigen.
3. *Astschnitzarbeiten.* Als eine Aufgabe für Anfänger kann das Beschnitzen von Aststücken, die in der Natur gesammelt wurden, angesehen werden. Aus den Aststückchen in unterschiedlicher Länge und Dicke sowie mit interessanter Verformung können – je nach Fantasie – Menschen- oder Tierfiguren hergestellt werden (Bild 104, 105, 106).

Bild 104. Räuchermann
Astschnitzarbeit

Bild 105. Kinderzirkel
Speerwerfer
Astschnitzarbeit

Bild 106.
Günter Hesse
«Schildkröte»,
Fichte, gebrannt
und ausgebürstet

Auf Seite 87:
Bild 107. «Waldweibel», Linde, PGH Kunsthandwerk Annaberg
Bild 108. Rudolf Tümpel, «Alter Geiger», Linde

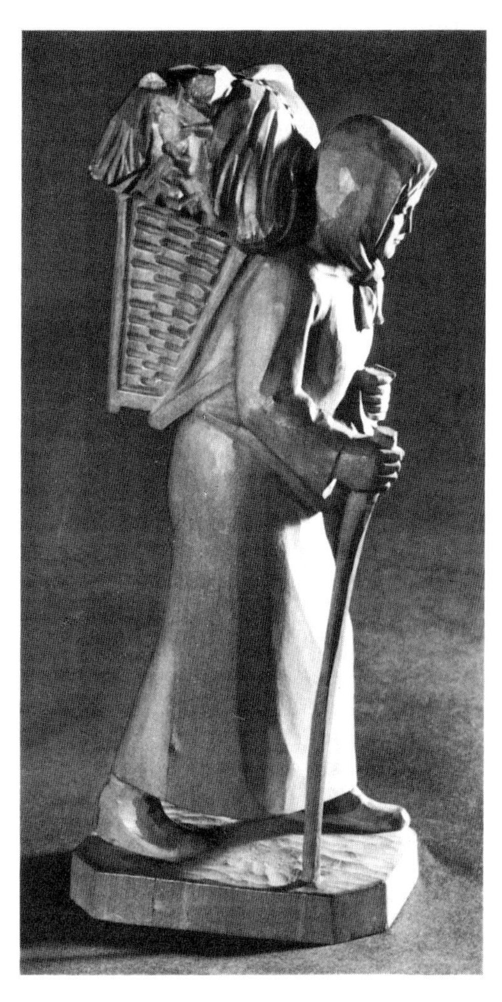

4. Bei *figürlichen Arbeiten* sollte mit Grundelementen begonnen werden. Die Körperformen, wie Walze, Kugel, Dreieck, als Ausgangsformen müssen beherrscht werden. Die Figur im Stand, die Figur in der Bewegung; Kopf, Hand und Fuß sollten mehrmals einzeln geschnitzt werden. Als Steigerung sind dann die besonderen Ausdrucksmöglichkeiten zu üben. In einem Gesicht können sich Freude und Trauer, Haß und Liebe, Intelligenz, Wachsamkeit, Ernst und anderes ausdrücken. Auch die Körperhaltung und die Stellung der Hände entscheiden den Gesamteindruck. Das Tragen einer Last (Bild 107), konzentrierte Arbeit, Fröhlichkeit, Entschlossenheit, Verzagtheit sind umsetzbar. Auch bei Tierdarstellungen kann man, vor allem durch das Festhalten von Bewegungen, zu einer eindeutigen Aussage gelangen. Der aufmerksam sichernde Luchs, ein schwer ziehendes Pferd, ein bockender Esel, ein ruhig äsender Hirsch können durch Körper- und Beinhaltung eindeutig ausgedrückt werden (Bilder 109, 110).

Ein weiteres Beispiel: Die Anfertigung einer einfachen Figur. Aus einfachen Leisten, die im Handel erhältlich sind, etwa 20 mm dick und 50 mm breit, in Stücken von 150...200 mm Länge geschnitten, können einfache Figuren gefertigt werden. Diese Stücke eignen sich für den Körper mit Kopf, Rumpf und Beinen, entsprechend kürzere Stücke, längs aufgeschnitten und gespalten, für Arme und Füße. Beim Schnitzen der Körperstücke können

Bild 109. Emil Teubner «Drei gegen einen» Linde

Bild 110. Emil Teubner «Ackergaul» Linde

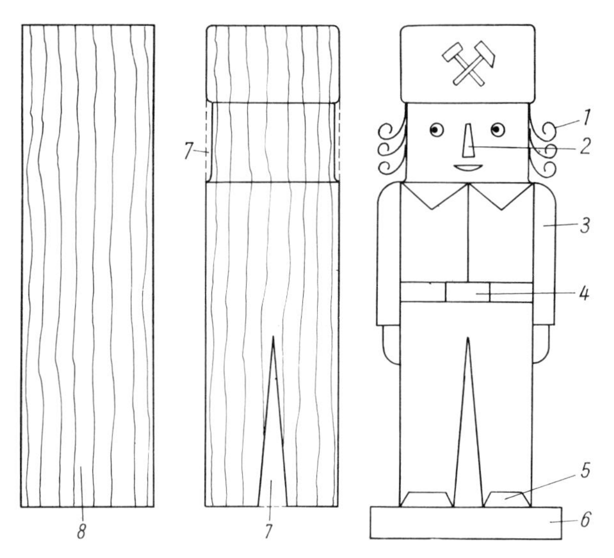

Bild 111. Entstehung einer Figur als geeignete Anfängerarbeit
1 Späne als Haare, *2* Nase, *3* Arme, *4* Tasche, *5* Füße sind nachträglich anzukleben, bevor die fertige Figur bemalt wird, *6* Sockel, *7* ausschneiden, *8* Leiste

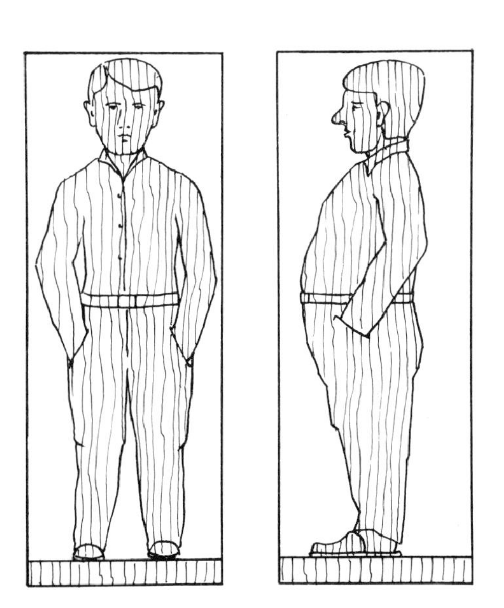

Bild 112. Einfache Figur aus dem Block

Bild 112. Kinderschnitzzirkel Lößnitz
Einfache Bäumchen und Figuren als Szene

Abfallspäne als Haartracht wieder angeklebt werden. Lederstücke, Stoffreste, Zapfen und kleine Nägel finden bei der Gestaltung der Kleidung Verwendung. Mittels Temperafarben werden die fertigen Figuren bemalt (Bild 111).

5. Als nächste, kompliziertere Stufe ist die aus dem *Block* entstehende Schnitzarbeit (Bild 112) anzusehen. Hier sollten ebenfalls erst einfache Formen dominieren. Sie können zur Ergänzung der Schnittechnik eventuell mit Sandpapier geschliffen und zuletzt bemalt werden.
6. Der Fortgeschrittene sollte beginnen, Figuren zu *szenischen Darstellungen* zusammenzufügen. Beliebteste Themenkreise sind Szenen aus den Ferien, Zirkus- und Zoobesuch, Indianerlager, Ausforsten im Wald, Umgang Mensch und Tier (Bild 113).
7. Besonders reizvoll zu fertigen sind *Figuren in der Bewegung.* Dabei sollte möglichst aus einem Stück geschnitten werden, um die Linien fließend zu erhalten. Beinstellungen und Körperhaltungen, beginnend mit der Kontrapost-Stellung, sind in der Natur vorher zu studieren. Kopfdrehungen, Kopfneigungen, unterschiedliche Arm- und Beinhaltungen sowie Schrittstellungen sind am Modell auszuprobieren.
   Vorbedingung sind also das vorangehende Naturstudium, Anfertigen von Skizzen und Zeichnungen, Arbeit am Ton- oder Plastillinmodell, bis zufriedenstellende Lösungen gefunden sind. Beim Schnitzen ist eine konsequente Schnittechnik von der Anlage her zu üben (Querschneiden). Auch beim Sauberschneiden ist eine einheitliche Schnittechnik für die gesamte Schnitzarbeit anzuwenden.
8. Eine weitere Steigerung in der schnitztechnischen und gestalterischen Arbeit ist die Fertigung von *Figurengruppen* (zwei oder mehrere Figuren) *aus einem Block.* Die Maßverhältnisse der Figuren untereinander, ihre Stellung zueinander und die sich daraus ergebende Aussage sind für das Gelingen des gesamten Schnitzwerkes entscheidend. Hierzu sind ein recht gediegenes handwerkliches Können und viel plastisches Einfühlungsvermögen erforderlich. Auch deshalb sollten Schnitzarbeiten aus dem Block nur von fortgeschrittenen Gestaltern in Angriff genommen werden.

Truhe mit geschnitzter Vorderwand
17. Jahrhundert
Museum für Kunsthandwerk Leipzig

Bergmännische Reliefschnitzerei an einem Kästchen aus Holz und Elfenbein
18. Jahrhundert
Städtisches Museum Zwickau

Geschnitzter Schrank
16. Jahrhundert
Schloß Güstrow

E. Kaltofen
Friedenskanzel in Langenau

Werner Pflugbeil
Erzgebirgischer Schwibbogen
Museum für bergmännische Volkskunst Schneeberg

E. Kaltofen
Alte Erzgebirgsstube
Museum für bergmännische Volkskunst Schneeberg

Harry Schmidt
«Vorväter und Nachfahren meiner Familie»
Geschnitzte Familienchronik

Günter Herrmann
«Bewaffnete Bauern»
Linde

Günter Otto
Spreewälder Trachtenpaar (links)
Schlierseer Trachtenpaar (rechts)
Linde, bemalt

Erhard Scharschmidt
Erzgebirgische Bergparade
Linde, bemalt

Matthias Dietsch
«Schachfiguren»
Linde

Günter Otto
«Aufbauen der Weihnachtspyramide»
Linde

Als Vorbild für die Reliefarbeiten «Trommler» und «Frau mit Feder am Hut» dienten alte Backmodel
Museum für bergmännische Volkskunst Schneeberg

Egon Rehm
Bergmann in traditioneller Uniform
Linde, mit Latexfarbe bemalt

Dietmar Lang
Bergmann in alter Uniform
Lärche, mit Metallsalzen gebeizt

Pyramidenfiguren
Arbeit des Schnitzzirkels Annaberg (Leiter: Egon Rehm), um 1970
Museum für bergmännische Volkskunst Schneeberg

Rudolf Tümpel
Krippe
Linde

Klaus Giese
«Stadtwappen von Annaberg»
Nußbaum

Auf Seite 103:

Emil Teubner
«An der Schnitzbank»
Linde

Emil Teubner
«Schwere Fuhre»
Linde

Rudolf Tümpel
«Puppenspieler»
Museum für bergmännische Volkskunst Schneeberg

Auf Seite 105:
Lehrgangsarbeit
«Tiere im Wald»
Durchbruch-Reliefarbeit
Fichte
Museum für bergmännische Volkskunst Schneeberg

Lehrgangsarbeit
«Vogel»
Museum für bergmännische Volkskunst Schneeberg
Emil Teubner
«Vor dem Absprung»
Buchenast

Rudolf Tümpel
«Gänseliesel»
Museum für bergmännische Volkskunst Schneeberg

«Rhönpaulus»,
eine aus der Tradition
gefertigte Figur der
Rhön
VEB Rhönkunst
Empfertshausen

Berges
«Zwei Pferde»
Tierschnitzerei der
Rhön

«Bauer und Bäuerin»
VEB Rhönkunst
Empfertshausen

«Eselreiterin»
VEB Rhönkunst
Empfertshausen

Berges
«Hirsch»
Rhönschnitzerei der
Gegenwart

Berges
«Steinbock»
Rhönschnitzerei der
Gegenwart

Karl Hunger
«Rodelnde Kinder»
Museum für bergmännische Volkskunst Schneeberg

Rudi Seidel
«Gießereiarbeiter»
Museum für bergmännische Volkskunst Schneeberg

Heinz Heger
«Max und Moritz»
Doppelstück in Eiche

Auf Seite 112:
Horst Schönfels
«Musizierender Bergmann»
Gebranntes Tonmodell

Ehrenfried Rottenbach
«Marina»
Realistische plastische Bildhauerarbeit

Frieder Weigel
«Zebra»
Struktur des Materials wurde in die Plastik einbezogen

Gustav Rössel
«Oberberghauptmann Freiherr von Herder»
Museum für bergmännische Volkskunst Schneeberg

«Wintersport»
Szenische Darstellung eines 12jährigen Schülers

Schnitzzirkel Annaberg (Leiter: Egon Rehm)
«Weihnachtsmarkt», Szenische Darstellung

Kinderschnitzzirkel Lößnitz
«Kindertagsausfahrt», Beispiel für erzählendes Gestalten

Manfred Bellinger
«Pferd», Tiergestaltung als Schale mit interessanten Formkontrasten

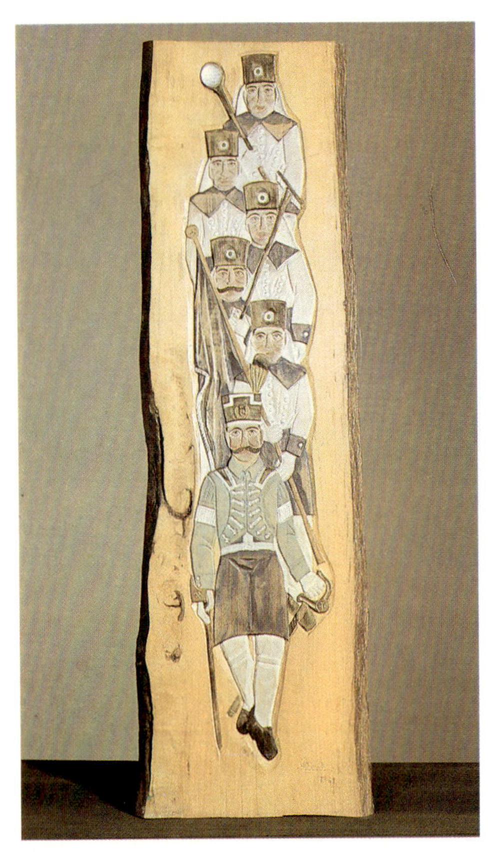

Georg Lenk
«Bergaufzug»
Hüttenraiter und
Blaufarbenwerker in
Paradeuniform

Georg Lenk
«Bergaufzug»
Obersteiger und Hauer in Paradeuniform

Schnitzzirkel Frohnau
«Rumpelstilzchen»
Teil einer
Wandgestaltung für
einen Kindergarten in
Linde, mit Tempera
bemalt

Schnitzschule Schneeberg
«Baustelle» (Ausschnitt)

Klaus Giese
«Fischer und seine Frau»
Säulenschnitzerei

Klaus Giese
«Fischer und seine
Frau» (Ausschnitt)

Auf Seite 118:
Manfred Bellinger
«Wald» (Ausschnitt)
Relief, durchbrochen

Egon Rehm
«An der Bushaltestelle» (Ausschnitt)
Beispiel für szenisches Gestalten

Auf Seite 120:
Dietmar Lang
«Lehrer Lämpel»
Linde

Ernst Aßmann
«Fischer»
Linde

Heinz Staude
«Winterfreuden»

Guntram Schmiedel
«Vater und Sohn im Silberbergbau»

Dietmar Lang
Plastische Formstudie
Linde

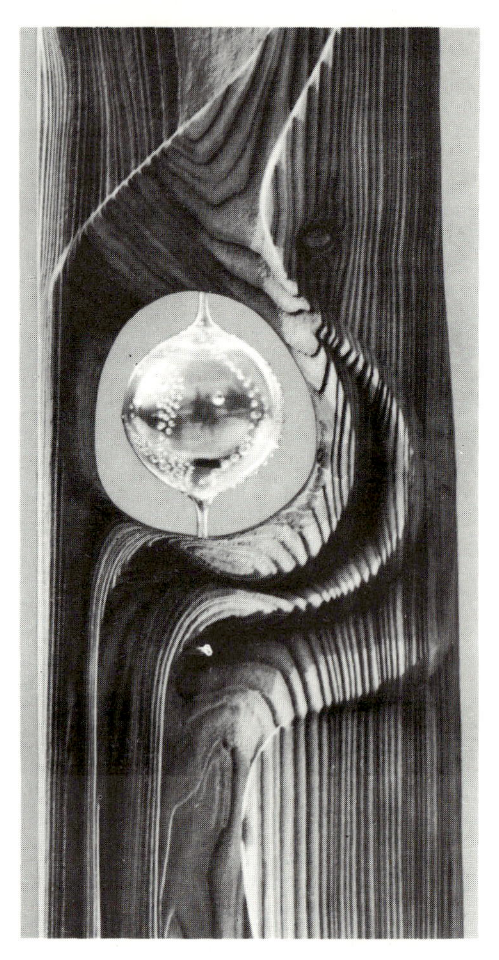

Dietmar Lang und Frieder Schulz
Holz-Glas-Stele
Fichte

Manfred Bellinger
«Specht am Stamm»
Kontrast zwischen rauhem Stamm und glatt geschliffenem Vogel

Dietmar Lang
Obstschale
Eiche, geräuchert

Heinz Heger
Tiefe Schale

Heinz Heger
Flache Schale
Eiche geschnitzt, geschliffen und geräuchert

Sachwortverzeichnis

Literaturverzeichnis

[1] Der nackte Mensch / *Bammes, Gottfried.* – Dresden
[2] Riemenschneider im Taubertal / *Bechstein, H.* – Leipzig, 1967.
[3] Baum – Wald – Holz / *Bloßfeld, Haasemann, Reichel.* – Leipzig, 1964.
[4] Praxis der Holztrocknung / *Eichler, Heinz.* – Leipzig, 1981. – 168 S.
[5] Holzschnitzen und Holzbildhauen / *Frutschi, Friedrich.* – Bern, 1979.
[6] Oberflächenbehandlung des Holzes für den Praktiker / *Hammer, E.*
[7] Spätgotische Bildwerke aus den Staatlichen Museen zu Berlin / *Fründt, E.* – Leipzig, 1965.
[8] Gestalt und Gleichnis bei Ernst Barlach / *Gloede, C.* – Berlin, 1965.
[9] Kunst und Umwelt / *Johansen, Rudolf.* – Dresden, 1964.
[10] Holzschnitzen / *König, Werner.* – Leipzig, 1968.
[11] Kunst selbst gestaltet / *Löbel, E.* – Berlin, 1982.
[12] Lehrbuch für den Tischler / *Schmidt, Helmut F. W.; Scepan, Lothar; Nötzold, Heinz.* – Leipzig, 1966. – 392 S.
[13] Der Drechsler / *Steinert, Rolf; Hegewald, Herbert.* – Leipzig, 1984. – 128 S.
[14] Kunstfibel / *Thiel, Erika.* – Berlin, 1966.
[15] Die Rhön / *Heinz, Johanna.* – Dermbach
[16] Schmucktechniken und farbige Möbelmalerei / *Baum, Josef H.* – Leipzig, 1983. – 188 S.
[17] Anatomie des Holzes / *Wagenführ, Rudi.* – Leipzig, 1984. – 320 S.

Bildquellenverzeichnis

Fachbuchverlag Leipzig / *Doris Wünsch*: 12, 13, 18, 21, 32, 33, 35, 38, 42, 43, 44, 46, 47, 48, 71, 72, 73, 76, 77, 81, 83, 84, 90, 96, 97, 98, 99, 100, 105, 107, Farbbilder 9, 35, 42, 44
Deutsche Fotothek Dresden: 3, 4, 5, 10, 11, 14, 15, 17, 87, 88, 89, 91; Farbbild 4 sowie Bilder 1, 2, 3, 5, 6, 15, 16, 17 des Bildteils
Christoph Georgi, Schneeberg: 16, 58, 59, 106, 108, 109, 110, 113, Farbbilder 7, 8, 13, 14, 28–31, 34, 36, 47, 48 sowie Bilder 11, 40, 41 des Bildteils
Foto-Müller, Annaberg: 57, 78, 82, 104, Farbbild 12 sowie Bild 45 des Bildteils
Roland Reißig, Meiningen: Farbbilder 18–25, 37, 43
Gerhard Döring, Dresden: 7, 8
Hans Adler, Schwarzenberg: 6
Lutz Humann, Karl-Marx-Stadt: 9
H. Schröder, Stralsund: Farbbilder 38, 39
HO-Foto, Annaberg: 66
Foto-Heß: 102
Universitets Oldsaksamling, Oslo © VEB Verlag der Kunst Dresden 1976: Bild 2
Peter Buschmann, Annaberg: Bild 108